在留資格・渉外相続・司法通訳―

多文化共生と行政書士業務

Multicultural Symbiosis and
Certified Administrative Procedures Legal Specialist

特定行政書士
岡田 忠興 著

税務経理協会

はしがき

日本には296万人の外国人が暮らしています（2022年6月末現在）。この数は茨城県の人口284万人（外国人を含む）を上回るものです。外国にルーツを持つ人を加えるとさらに多くの人たちが日本に住んでいることになります。

外国人が日本に増えることについては，否定的な意見も根強くあります。しかし，少子高齢化が進む日本において外国人を受け入れている以上，「生活者」でもある外国人との「共生」を正面から考えなければ日本の社会は成り立っていかないでしょう。

本書は，行政書士の皆さんが「多文化共生」というテーマにどう取り組んだらよいか，そのひとつのサンプルを提示するものです。筆者は行政書士の国際業務（在留資格，渉外相続）のほか，司法通訳，民事・家事調停などにも携わっています。多くの課題に取り組み，それらを俯瞰するなかで見えてきたのは，行政書士は絶好の立ち位置にいるということです。在住外国人にとって最も必要なものは，「在留資格」と「（その人に必要なレベルの）日本語能力」だと筆者は考えていますが，双方にかかわることができるのが行政書士なのです。

一方，「多文化共生」は日本人にもメリットがあります。第8章で日本語教室の風景を詳説しましたが，筆者は外国人の皆さんから学びの姿勢，生きる力をいただいています。「多文化共生」はよりよい地域づくりにもつながるはずです。

本書のテーマ「多文化共生」は，日本人が自らの足元を見直すきっかけになるとともに，国のあり方に直接かかわるものでもあります。まずは興味を持たれた業務・活動から，一歩を踏み出していただくことを願っています。

本書刊行にあたっては，多くの関係者に貴重なご意見をいただきました。また税務経理協会編集グループ部長の小林規明氏には，拙著『行政書士　渉外相続業務「外国法調査・手続」と「国際私法の基礎」』（2021年）に引き続き多大なご助力をいただきました。ご協力くださった皆様に厚く御礼を申し上げます。

2023年3月

岡田　忠興

目　　次

凡　例

1　法令

法令名は，正式名称で示しているほか，以下の略語でも記載しています。

出入国管理及び難民認定法　入管法

日本国との平和条約に基づき日本の国籍を離脱した者等の出入国管理に関する特例法　入管特例法

法の適用に関する通則法　通則法

国際的な子の奪取の民事上の側面に関する条約　ハーグ条約

難民の地位に関する条約　難民条約

経済的，社会的及び文化的権利に関する国際規約　A 規約，社会権規約

市民的及び政治的権利に関する国際規約　B 規約，自由権規約

2　判例

判例は，以下のように略して記載しています。

最高裁昭和 53 年 10 月 4 日大法廷判決	最大判昭和 53 年 10 月 4 日
東京地方裁判所平成 15 年 9 月 19 日判決	東京地判平成 15 年 9 月 19 日
宇都宮地方裁判所栃木支部平成 21 年 4 月 28 日決定	宇都宮地裁栃木支決平成 21 年 4 月 28 日

判例集の略語は以下のとおりです。

民集　最高裁判所民事判例集

裁判集民　最高裁判所裁判集　民事

刑集　最高裁判所刑事判例集

下刑集　下級裁判所刑事裁判例集

行集　行政事件裁判例集

判時　判例時報

判タ　判例タイムズ

家月　家庭裁判月報

労判　労働判例

判自　判例地方自治

3　国名

国名は，以下のように略して記載しています。

グレートブリテン及び北アイルランド連合王国	英国
アメリカ合衆国	米国
オーストラリア連邦	オーストラリア
中華人民共和国	中国
中華民国	台湾
大韓民国	韓国
フィリピン共和国	フィリピン
タイ王国	タイ
インドネシア共和国	インドネシア
ミャンマー連邦共和国	ミャンマー
ベトナム社会主義共和国	ベトナム
バングラデシュ人民共和国	バングラデシュ
インド共和国	インド
イラン・イスラム共和国	イラン
ドイツ連邦共和国	ドイツ
オーストリア共和国	オーストリア
フランス共和国	フランス
オランダ王国	オランダ
ベルギー王国	ベルギー
ルクセンブルク大公国	ルクセンブルク
スペイン王国	スペイン
ポルトガル共和国	ポルトガル
イタリア共和国	イタリア
ケニア共和国	ケニア
バハマ国	バハマ
ベネズエラ・ボリバル共和国	ベネズエラ
ブラジル連邦共和国	ブラジル
ロシア連邦	ロシア
キルギス共和国	キルギス

第1章

多文化共生とは

第1節　多文化共生

「多文化共生」という言葉を最近よく目にしたり聞いたりするようになりました。

この「多文化共生」は，次のように定義されています。

「国籍や民族などの異なる人々が，互いの文化的ちがいを認め合い，対等な関係を築こうとしながら，地域社会の構成員として共に生きていくこと」（総務省「多文化共生の推進に関する研究会報告書」2006年）。

多文化共生，国際交流，国際協力の関係図

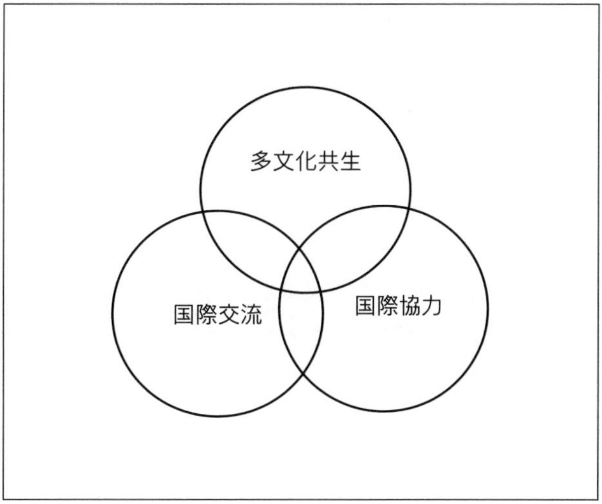

「多文化共生」という用語が登場する1990年代中頃よりも前から，「国際交流」「国際協力」という言葉があったことは皆さんご存知のとおりです。地域の国際化については，地方公共団体において1980年代後半から，この2つを柱

として推進されてきました。しかし1990年代以降，在住外国人が急増したため，在住外国人に対する施策が全国的な課題になりました。そのため，総務省が，「地域における多文化共生」を地域における第三の柱として推進するようになったのです。

では，「多文化共生」は「国際交流」及び「国際協力」とどう違うのでしょうか。

「国際協力」は，ODA（政府開発援助）やフェアトレード（公正な貿易），青年海外協力隊などとの関係で使われてきました。ここでは開発途上国への支援が中心で，「多文化共生」の前記定義「対等な関係」とは異なっています。

また，「国際交流」は留学や企業間の技術研修，文化人の招へい・派遣，在住外国人との交流イベントなどの場面で用いられています。これは，外国人をお客様として捉えた言葉であり，「多文化共生」の定義では「構成員」の部分と齟齬があります。

したがって，「多文化共生」の前記定義では，「対等な関係」及び「構成員」が特に重要な意味を持つことになります。

第２節　「外国人」とは

これまで「在住外国人」「外国人」という用語を使いましたが，そもそも「外国人」とはどのような人を指すのでしょうか。

日本の国籍法４条１項は，「日本国民でない者（以下「外国人」という。）は，帰化によって，日本の国籍を取得することができる。」と規定しています。また，出入国管理及び難民認定法２条２号は，「外国人」の定義として「日本の国籍を有しない者をいう。」としています。つまり，これらの法律では，国籍の有無によって「外国人」と日本人を区別しています。

しかし，「多文化共生」で問題にするのは外国籍の人だけではありません。外国で生まれ育って帰国した児童生徒や，中国帰国者，在日韓国・朝鮮人で帰化した人は，日本の国籍を持っていますが言語・文化や民族的アイデンティティなどさまざまな悩みを抱えています。また，非正規滞在のまま日本で結婚した夫婦間に生まれた子は，出生届を出せず「日本人」にはなっていません。

「多文化共生」というテーマでカバーする「外国人」は，これらの人々も含んでいます。そこで本書では，外国にルーツを持ちながら日本に住む人々を広く含めて「在住外国人」又は「外国人」と呼ぶことにします。

第３節｜社会の重要な課題

それではなぜ，「多文化共生」ということが話題に上るようになってきたのでしょうか。社会において「多文化共生」は必要なのでしょうか。

(1)「生活者」としての在住外国人

日本に在住する外国人，外国にルーツを持つ人たちは，労働者や留学生などであると同時に，生活の基盤が日本にある「生活者」でもあります。

日本で生活するとなると，住居が必要になり，病気やけがをすれば保健・医療サービスを受けることになります。子どもがいる人は日本での教育を考えなければなりません。しかし残念ながら，「生活者」としての在住外国人を支える制度的仕組みはこれまで十分には考えられてきませんでした。

(2) 日本の義務教育

私は長野県松本市内の日本語教室でボランティアスタッフを務めていますが，以前こんなことがありました。日本人と結婚した母親と一緒に台湾から来日し，中学校に編入した3年生男子（台湾人）を教えていました。「高校はどうするの？」とたずねると，「来年はもう一度，中学3年生をやります」と答えました。担任の先生からは，数学以外の校内テストは受けなくてもいいと言われている，というのです。

日本では外国籍の児童生徒は義務教育の対象になっていません（憲法26条，教育基本法5条)。このような外国籍児童生徒の法的位置づけから生じた，重大な問題のひとつです。

この点については，経済的，社会的及び文化的権利に関する国際規約（A

規約）13条及び児童の権利に関する条約28条は次のように規定しており，日本も両条約の当事国です。国連の子どもの権利委員会，人種差別撤廃委員会が，日本政府に対し是正を勧告しています。

【経済的，社会的及び文化的権利に関する国際規約（A 規約）13 条】

> 1　この規約の締約国は，教育についてのすべての者の権利を認める。締約国は，教育が人格の完成及び人格の尊厳についての意識の十分な発達を指向し並びに人権及び基本的自由の尊重を強化すべきことに同意する。更に，締約国は，教育が，すべての者に対し，自由な社会に効果的に参加すること，諸国民の間及び人種的，種族的又は宗教的集団の間の理解，寛容及び友好を促進すること並びに平和の維持のための国際連合の活動を助長することを可能にすべきことに同意する。
> 2　この規約の締約国は，1の権利の完全な実現を達成するため，次のことを認める。
> (a) 初等教育は，義務的なものとし，すべての者に対して無償のものとすること。
> (b) 種々の形態の中等教育（技術的及び職業的中等教育を含む。）は，すべての適当な方法により，特に，無償教育の漸進的な導入により，一般的に利用可能であり，かつ，すべての者に対して機会が与えられるものとすること。

【児童の権利に関する条約 28 条】

> 1　締約国は，教育についての児童の権利を認めるものとし，この権利を漸進的にかつ機会の平等を基礎として達成するため，特に，
> (a) 初等教育を義務的なものとし，すべての者に対して無償のものとする。
> (b) 種々の形態の中等教育（一般教育及び職業教育を含む。）の発展を奨励し，すべての児童に対し，これらの中等教育が利用可能であり，かつ，これらを利用する機会が与えられるものとし，例えば，無償教育の導入，必要な場合における財政的援助の提供のような適用な措置をとる。

(3) 外国人の在留資格

日本に居住・滞在する外国人の在留資格については，大小さまざまな「船」にたとえてイメージするとわかりやすいのではないかと思います。

「永住者」は，在留期間と日本での活動がいずれも制限されない「大型船」。逆に，最長でも90日滞在できるだけの「短期滞在」の資格は，少し風が吹け

ば倒れそうな「一寸法師のお椀の舟」。また，外国政府の大使・総領事等の在留資格「外交」は，外交特権を持つ外交官を接遇する「豪華客船」といってもよいでしょう。

(4) 日本語能力

このように，日本にいる外国人は種々の「船」に乗っているわけですが，船を動かすためには動力が必要です。その動力は何かというと，私は「日本語をその人に必要なレベルで適切に使える力」ではないかと考えています。「船」の種類に応じて，仕事で高度の日本語能力が求められる人，日常の買い物ができる程度で足りる人，子どもの保護者として PTA 等の場でコミュニケーションをとらなければならない人など，必要とするレベルは人それぞれです。しかしいずれにしても，仕事や生活をするうえで必要な情報を取得し，自分の頭で考え判断するには日本語能力が不可欠であることは間違いありません。

日本人の配偶者として日本で暮らす外国人のなかには，こんな人がいます。買い物など日常生活に必要なことは配偶者がやってくれるため，日本語習得の必要性を感じていないという人です。数年前，日本語教室で教えていたスペイン語圏の女性はまさにそうでした。

なぜ日本語を勉強しようと思ったのかと彼女にたずねると，「息子が保育園に入り，保護者の皆さんとコミュニケーションをとることが必要になったから」と。

このように，自分の足で立って日本で生活していくためには，日本語能力が必要なのです。

(5) 在住外国人支援のあり方

上記のように，日本に在住する外国人にとって最も必要なものは 2 つだと私は考えています。

「在留資格」と「(その人に必要なレベルの) 日本語能力」です。

このうち「在留資格」については行政書士（申請取次行政書士）及び弁護士が申請等のサポートを法定業務として行っています。一方，日本語教師のなかには在留資格に関する知識を持ち，支援の必要性を感じている人はいますが，行政書士（又は弁護士）ではないため在留資格にかかわる業務に手を出すことはできないでいます。

一方，「日本語教育」はどなたでも行うことができます。行政書士会で私は，日本語教育にも目を向けてもらうよう呼びかけていますが，行政書士の皆様，特に国際業務に携わっておられる方には是非とも，「日本語教育」にも関心を持っていただきたいと思います。

(6) 社会の重要な課題

さて，翻って冒頭の「多文化共生」について，なぜこのようなことが言われるようになったのでしょうか。

ひとつには，多様性を認める社会はしなやかで力強く，マイノリティーにもやさしいことから，「多文化共生」は社会の活性化につながること。また，外国人の目を通して地域（日本）を再認識することができる，グローバルな視野を持つ人を育むことができる，などメリットはいくつもあります。実際，日本語教室で私も，外国人学習者から「学びの姿勢」「生きる力」などプラスのエネルギーをいただいています。

外国人の受入れについて私たちが取り組むべきことは，外国人支援にとどまるものではありません。「地域づくり」のひとつでもあります。移民政策を採らない日本においても，外国人の受入れは国の将来の形，社会のあり方そのものに関わる重要な課題です。

「多文化共生」について，一人でも多くの方に問題意識を持っていただき，できるところから一歩を踏み出していただければ幸いです。

第4節　麻布中学入試問題「社会」(2022年2月)

麻布中学校（東京）の2022年入試では，次のような問題「社会」が出題されました（一部を抜粋）。

外国人と日本社会

外国人が移住することに消極的だった日本ですが，気がつけば今の日本には多くの外国人が住んでいます。「コンビニエンスストアは 24 時間営業していてもらいたい」「お弁当は安いほうがいい」「宅配便は決まった時間にきちんと届けてもらいたい」「新聞は毎朝毎夕決まった時間に配達してほしい」など，当たり前のように考えている便利な生活のために，外国人労働者の存在は欠かせません。しかし，日本人は，日本にやって来た外国人と対等な関係をつくることができているのでしょうか。外国人の権利が日本でどれほど保障されているのでしょうか。

特別永住者が日本人と同じ権利を持っていないことを知らない人も多くいます。また，永住者，定住者，特定技能，難民などの立場の人をきちんと移民としてむかえることには，治安の悪化などを理由に根強い抵抗《ていこう》があります。そのため，日本でくらしていくためのサポートは二の次になっていました。**コ**．こうした人たちのサポートは今でもボランティアに頼《たよ》っている部分が大きく，その問題点も指摘《してき》されているのです。日本で生まれた外国人の子どもたちも増え，日本で亡《な》くなる外国人も増えています。にもかかわらず，外国にルーツを持つだけで差別されたり，被害《ひがい》にあう事件が起きたりするなど，外国人がくらしやすい社会とはほど遠いのが現状です。人間は機械ではありません。**サ**．ある作家が「われわれは労働力を呼んだが，やって来たのは人間だった」という言葉を残していますが，これは今の日本がかかえる問題をよくあらわした言葉ではないでしょうか。

問 12　下線部**コ**について。日本政府が正式に移民を受け入れようとせず，行政が外国人の支援《しえん》をおこなわないと，日本に不慣れな外国人の支援はボランティアの人たちに依存《いぞん》することになります。その場合，外国人の支援活動にはどのような不都合が生じると考えられますか。2 つあげて説明しなさい。

問 13　下線部**サ**について。日本に働きに来た外国人とその家族の人権を守るためには，どのような政策や活動が必要だと考えられますか。君が考える政策や活動の内容とそれが必要である理由を，80～100 字で説明しなさい。なお，句読点も 1 字分とします。

麻布中の 2022 年入試問題（社会）では難民審査の問題点を指摘させる内容が出題され，ネット上で反響を呼びました。難民問題のほかにも，上記のような「多文化共生」の観点からの問題提起もなされています。小学6年生の受験生に対する，いずれもレベルの高い問いかけです。

まず，問12についてはどう考えたらよいでしょうか。ここでいう「外国人の支援活動」のひとつに「地域の日本語教室」があります。日本語教室を例にとって，ボランティアに依存することから生じる不都合はなにかを考えてみましょう。

ひとつは，ボランティアをする人が継続的に活動できるかどうかという点です。ボランティアの多くは定年退職後に余裕ができて社会貢献をしたいという意欲のある人や，子育て中の女性などです。これらの人たちを見ていると，高齢になり体調を崩したり，転勤や子どもの受験等で活動を続けられなくなったりしています。つまり，必ずしも長期間にわたり安定的に活動を継続できるわけではないのです。

もうひとつは，一定の必要レベルまで教えられるかどうかという点です。外国にルーツを持つ人たちは，前述のように「必要とするレベル」は区々です。まずその人が必要とするレベルをきちんと把握し，そのレベルに達するよう指導する必要があります。日本語教室ごとに違いはあると思いますが，教室のスタッフに対して指導法の教育が十分にできているかといえば，そうではないのが現状です。「自分は日本人で日本語ができるのだから，日本語を教えるのは何も問題ないはずだ」とはいえないのです。日本語を教えるためには，日本語をひとつの言語として客観的に把握していることが必要だからです。

また，レベルの担保については日本語教育の特殊性も関係してきます。たとえば，日本の学校で習う「形容詞」「形容動詞」は，日本語教育では「イ形容詞」「ナ形容詞」という用語を使っています。学校文法で教えている動詞の五段活用，一段活用（上一段・下一段），カ行・サ行変格活用も，日本語教育ではそれぞれ1グループ，2グループ，3グループという名称で分けられています。

なお，問13の在住外国人の人権保障の問題については，本書の全体を通してその解答を考えてみたいと思います。

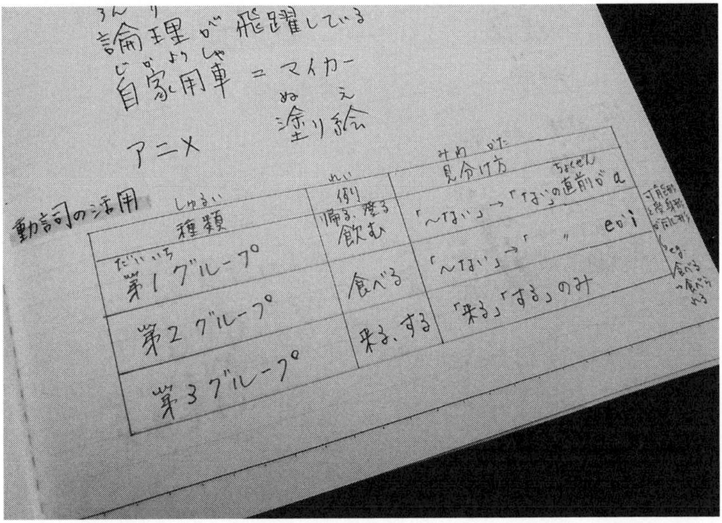

動詞の活用（1 グループ，2 グループ，3 グループ）の説明
（地域の日本語教室で筆者が使っているノート）

第２章

多文化共生の課題と展開

第１節　各分野の問題点（一覧）

「多文化共生」については，各分野で課題が山積しているのが現状です。概要をまとめると以下のようになります。

多文化共生の課題

分　野	問　題　点
①地域社会に対する意識啓発	・関心の低さ
②在留資格	・法的安定性（裁量権の広範性） ・出入国在留管理政策の流動性 不服申立制度等の適用除外
③入管収容	・収容の長期化 ・後を絶たない被収容者死亡 ○　ウィシュマ・サンダマリさん（スリランカ人女性）死亡事件（2021年３月，名古屋入管） ・仮放免
④多文化共生社会基本法の制定	・国，自治体，事業者及び市民団体の多文化共生社会形成における連携・協働の必要性 ・「多文化共生」分野を統括する官庁（仮称「多文化共生庁」）の不存在
⑤コミュニケーション支援	・日本語教育はボランティア頼み （ボランティアの高齢化，担い手の減少） ・コロナ禍による日本語学習者の減少 ・児童生徒の保護者に対する日本語教育 ・情報の多言語化 ・「やさしい日本語」の普及

⑥教育	・外国籍児童生徒は義務教育の対象外 ・不就学の子どもへの対応 ・高校進学の壁
⑦母語保持教育	・外国にルーツを持つ子どもの母語習得の機会の確保
⑧国籍	・無国籍の子どもの急増（児童養護施設に措置された児童など）
⑨居住	・家主による入居差別 ・借家退去時の差別
⑩労働環境	・働く場所の確保 ・労働条件（賃金，労働時間等） ・外国人労働者への依存 ・外国人労働者の日本離れ（円安による賃金目減り，東南アジアの経済成長等）
⑪医療・保健	・医療通訳派遣システムの不備 ・多言語対応可能な医療機関に関する情報提供体制
⑫防災・災害時対応	・災害時の情報伝達，支援体制 ・避難行動要支援者名簿への登録者数 ・国籍ごとのコミュニティのばらつき
⑬在住外国人の自立と社会参画	・在住外国人の参政権
⑭高齢者支援	・高齢になったときの施設入居等
⑮相続	・渉外相続業務を扱う専門職の不足 ・対象となる国・地域によっては裁判所など関係機関が未経験
⑯外国籍住民の墓地	・外国人の埋葬拒否（埋葬文化の違い） ・イスラム教徒の土葬 （土葬できる墓地は全国に９か所のみ。各地で反対運動も）

⑰トラブル対応	・トラブルの予防 ・紛争解決ルートの周知（調停，ADR 等） ・国際的な子の連れ去り ○　ハーグ条約（国際的な子の奪取の民事上の側面に関する条約） ・日本人配偶者からの DV の増加
⑱コロナ禍	・情報提供 ・食料支援 ・住居の確保 ・異文化ストレス

上記の問題点のなかで最もハードルが高いと私が日頃感じているのは，「①地域社会に対する意識啓発」です。「関心の低さ」ゆえに問題の存在自体に目が向かず，問題の解決を困難にします。たとえば，「⑥教育」について「不就学の子どもへの対応」を挙げました。外国籍の子どもは義務教育の対象ではないことから，不就学の子どもが出てきてしまいます。そうなると，その子はその後の人生の選択肢が狭まり，日本社会に馴染むことができず，結果として社会のリスクになる可能性が出てくることになります。そうした帰結を避けるためには，学校教育できちんと受け入れ，社会の一員として育てることが必要になるはずです。「関心の低さ」は，こうした課題を自らの問題として考えるのを放棄することにほかならないのです。

さらに，上記諸問題の肝になるのは「⑬在住外国人の自立と社会参画」だと私は考えています。外国人には狭義の参政権（選挙権，被選挙権）が認められていないため，上記諸問題の解決を投票箱と民主政の過程を通して自ら実現することができません。逆にいえば，在住外国人の諸問題に向き合う責任を課されているのは，ほかでもない日本人であるということです。

多文化共生に関わる諸課題への対応については，「④多文化共生社会基本法の制定」が必要です。これは，国・自治体等の責務を明確にし，財政的措置を盛り込んだ多文化共生分野の基本法です。他の分野ではすでに，消費者法は「消費者基本法」，観光では「観光立国推進基本法」などが制定されています。

なお，長野県内では，多文化共生社会基本法の制定を求める意見書が2021年

6月に安曇野市議会で可決され，同年10月には県議会でも全会一致で可決されています。

第2節　外国人法務とは

法律家である行政書士は「多文化共生」の分野にどのようにかかわることができるでしょうか。法務の観点から「多文化共生」をとらえると，それは「外国人法務」と呼ぶことができます。信州大学大学院では，2021年度から開講した「地域法律実務演習」に「長野県の外国人法務」という科目を設けており，私はこの科目のゲスト講師を務めています。

外国人法務の実務でベースになっているのは，後述（第3章）のマクリーン事件最高裁判決（最大判昭和53年10月4日民集32巻7号1223頁）です。在住外国人の人権享有主体性が問題となったこの事件において最高裁は，「憲法第3章の諸規定による基本的人権の保障は，権利の性質上日本国民のみをその対象としていると解されるものを除き，わが国に在留する外国人に対しても等しく及ぶものと解すべきである」としたうえで，「人権の保障は外国人の在留制度の枠内で与えられるにすぎない」として保障の範囲を限定しています。

そして，外国人法務を「行政手続」「民事法務」「刑事手続」の3つに分けると，それぞれの分野の業務を次のように位置づけることができます。

①　行政手続：在留資格・帰化に関する手続，行政相談
②　民事法務：渉外相続，消費者相談，労働相談，調停・ADR
③　刑事手続：司法通訳

このほか，政策提言などを加えると概ね以下のような全体像になります。

外国人法務の全体像

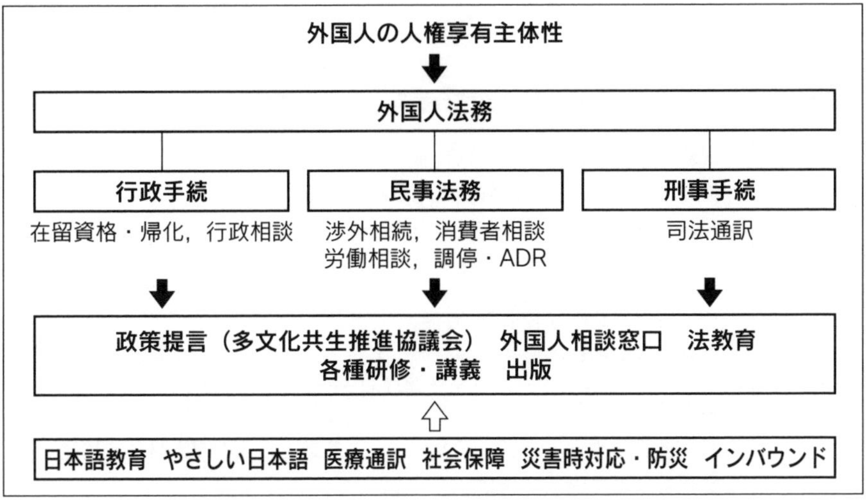

第３節｜業務展開の一例

1　業務展開の一例

私は2010年に行政書士登録して以降，「多文化共生」に関連する業務・活動について取り組んできました。主なものをご紹介すると以下のようになります。

多文化共生関連業務

年	活　動
2010年	・行政書士登録，岡田行政書士事務所開所 ・入国管理局申請取次行政書士登録 ・松本市中央公民館日本語講座スタッフ（現在に至る） ・長野県地域共生コミュニケーター登録 ・国際交流ボランティア（医療通訳者）登録 ・長野県コミュニケーション・アシスタント（英語通訳者）登録

2011 年	・信州型事業仕分け仕分け人（教育問題担当） ・長野県社会福祉協議会災害ボランティア・ネット信州登録（災害時語学サポーター）
2012 年	・松本市多文化共生推進協議会委員（現在 5 期目）
2013 年	・通訳人登録（長野地検，長野県警） ・長野地方裁判所民事調停委員（現在に至る） ・長野県行政書士会 ADR 手続実施者（同上） ・松本市子どもにやさしいまちづくり委員（任期 2 年）
2014 年	・松本市立旭町小学校 PTA 会長 ・消費生活専門相談員資格認定
2015 年	・特定行政書士登録 ・東京外国語大学オープンアカデミー「多文化社会専門人材養成講座―多文化社会論基礎―」修了
2016 年	・保育士登録 ・松本市 PTA 連合会副会長
2017 年	・全国通訳案内士（英語）登録
2018 年	・松本市子どもにやさしいまちづくり委員（任期 2 年）
2019 年	・長野家庭裁判所家事調停委員（現在に至る） ・行政相談委員（同上） ・消費生活相談員登録
2020 年	・松本市多文化共生プラザ相談員（英語/日本語）（2020 年 2 月～2021 年 5 月） ・フランス語検定準 2 級合格 ・しんしゅう日本語教育等人材バンク登録 ・長野県中小企業団体中央会『月刊中小企業レポート 523 号』「街の法律家　行政書士に聞く　外国人労働者受け入れの現状と今後の課題Ⅲ」執筆

2021年	・拙著『行政書士　渉外相続業務』（税務経理協会）発刊 ・東京2020大会Field Cast（大会ボランティア，海外要人アテンド） ・信州大学大学院・地域法律実務演習⑦⑧⑨「長野県の外国人法務」講師 ・安曇野市地域通訳案内士登録 ・長野県行政書士紛争解決センター運営委員（現在に至る） ・松本市多文化共生キーパーソン登録 ・長野県中小企業団体中央会『月刊中小企業レポート532号』「街の法律家　行政書士に聞く　多文化共生」執筆
2022年	・東京都行政書士会「多文化共生～行政書士として在住外国人とどう向き合うか～」講師 ・信州大学大学院・地域法律実務演習②「地域法律実務とは何か」講師 同⑨⑩⑪「長野県の外国人法務」講師 ・日本法令Facebook Live「多文化共生」講師

このほか，大学受験生を主な対象にした時事用語集『現代キーワードファイル』（第一学習社）（2013年までは『小論文キーワードファイル』）の「国際問題・異文化理解」など5つの章の執筆を，2010年から毎年担当しています。

2 「多文化共生」業務のつながり

上記のような「多文化共生」の各分野は，相互につながりを持っています。たとえば，次のようにまとめることができます。

多文化共生と業務のつながり

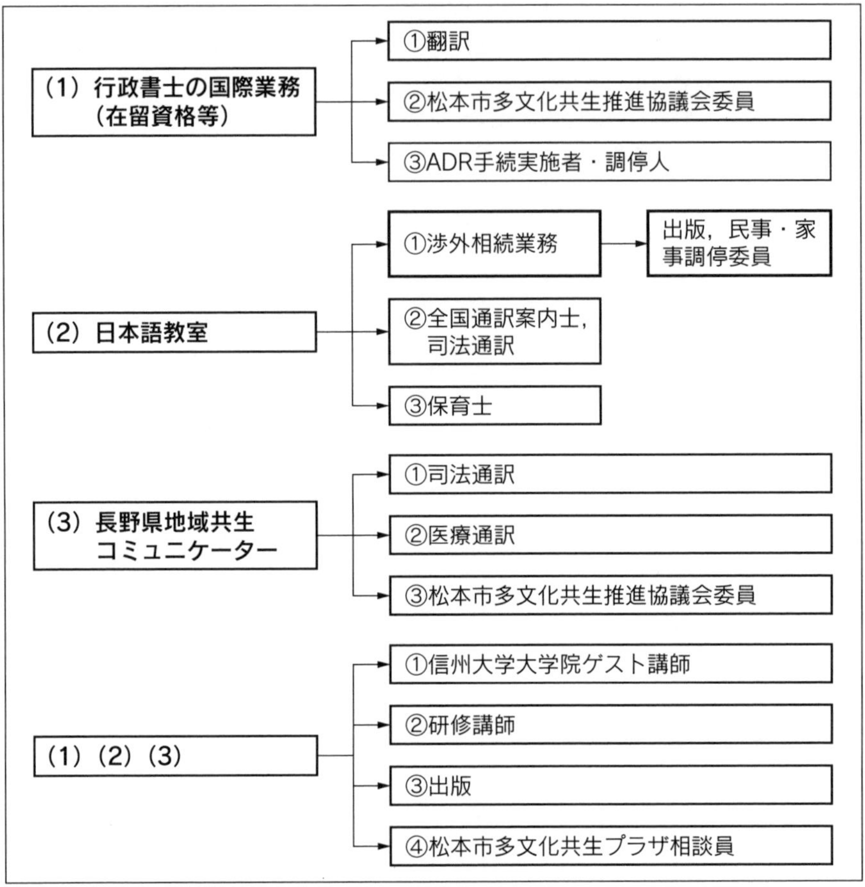

それぞれについて以下で説明します。

(1) 行政書士の国際業務（在留資格等）

まず，行政書士の国際業務（在留資格等）からは翻訳の業務が派生してきます。また，国際業務の経験・知識は松本市多文化共生推進協議会における政策提言として活かされています。

なお，民事・家事調停でも在留資格等の知識が必要になるケースがあります。家事調停では，この業務を通じて学んだ国際私法の知識も役に立っています。

(2) 日本語教室

日本語教室における活動からも，さまざまな展開がありました。渉外相続業務の依頼をいただいたのは日本語教室での活動がきっかけです。この渉外相続の経験をもとに拙著『行政書士　渉外相続業務』(税務経理協会，2021年)を出版しました。

全国通訳案内士は語学系で唯一の国家資格で，海外から来日した観光客の通訳ガイドを務めます。従来は業務独占資格でしたが，2018年1月以降は名称独占に変更されました。私は2017年に全国通訳案内士（英語）に登録し，実務にも携わっています。日本語教室の学習者の出身地はアジア，欧米豪，南米，アフリカなど多岐にわたりますが，それぞれの国・地域の習慣・文化・思考様式などを日本語指導を通して知ることができます。これは通訳ガイドをするうえで役立っているとともに，通訳ガイドで得た経験は日本語教室での指導にも反映されています。同様のことは日本語教室と司法通訳の関係にもあてはまります。

日本語教室と保育士の関係を挙げましたが，これは意外と思われる方が多いと思います。しかし，実は密接なつながりがありました。保育士になるには，大学・短大など学校を卒業するルートのほかに，保育士試験（筆記試験，実技試験）に合格するルートがあります。私は2015年の保育士試験に合格して2016年に保育士登録しました。この保育士試験の実技試験では「音楽に関する技術」「造形に関する技術」「言語に関する技術」の3科目から2つを選択しますが，私は「造形」(絵画）と「言語」(お話）で受験しました。日本語教室では，まったく日本語を知らない最初級の学習者にゼロから教えることも多いのですが，私は「とにかく楽しく，わかりやすく」を心がけています。ことばでのコミュニケーションのほかにも，ノートに絵を描いて説明したり，手帳や紙幣などレアリア（実物）を見せて理解してもらうなどさまざまな手法を駆使しています。ここで絵を描く習慣を続けていることが，保育士試験の「造形」で大いに役に立ちました。また，「言語」の試験は，3歳児クラスの子どもに「3分間のお話」をするという想定で4つの課題（「3びきのこぶた」「ももたろう」など）から一つを選択します。日本語教室の学習者にわかりやすく説明するトレーニングを重ねてきたことが，3歳児が理解できるようにお話しする実技でも役に立ったのは言うまでもありません。相手の年齢や国籍等に違いはありますが。

なお，保育士の登録をしていることは，さらに家事調停でも活かされています。家事調停では，離婚や親権，面会交流などについて当事者が争っている事件を扱いますが，調停室に顔を見せることのない子どもの養育や将来を慎重に検討することが求められます。保育士であることで当事者も安心しますし，学んだ知識は調停の執務に役に立っています。

(3) 長野県地域共生コミュニケーター

この資格からは，司法通訳と医療通訳のほか，松本市多文化共生推進協議会委員としての執務も派生しています。

まず司法通訳は，通訳人の推薦を長野県警が長野県に依頼し，長野県が地域共生コミュニケーターである私を紹介したのが最初のきっかけです。

医療通訳については，長野県地域共生コミュニケーターとして2010年に長野県国際交流推進協会主催の「医療通訳養成講座（基礎編）」を受講しました。その後，2012年及び2013年に長野中央病院（長野市）で行われた「外国人健診」（北信外国人医療ネットワーク主催）で医療通訳（英語）を務めました。

松本市多文化共生推進協議会では2012年から委員になっています。最初は公募委員として選任されましたが，現在は関係機関（長野県地域共生コミュニケーター）の枠で委員を務めています。

(4) 以上(1)(2)(3)の３つの経験・知識をもとに

以上の経験・知識をもとに，2021年度から信州大学大学院で「長野県の外国人法務」を教えています。2022年3月は東京都行政書士会において，また同年8月には日本法令 Facebook Live でそれぞれ「多文化共生」の講師を務めました。そして，2021年3月には拙著『行政書士　渉外相続業務』（税務経理協会）を発刊しています。さらに，松本市の外国人相談窓口「松本市多文化共生プラザ」において，2020年2月から2021年5月まで相談員（英語/日本語）の経験を積ませていただきました。

COLUMN 「保育士」資格という“切り札”

私にとって「保育士」資格は“切り札”としての意味を持ちます。

私が保育士であることを研修会等でお話しすると，半数以上の人が「え～っ！」と驚かれます。まさか私の風貌から，子どもの保育をする姿を想像することはできないからでしょうか。行政書士会の同期からは，「ギャップ商法」と言われたこともあります。「保育士」は，見た目の印象をガラリと変える，絶大な効果があるのです。

もともと赤ちゃん，ちびっ子が大好きで，保育士の試験を受けました。2015 年に合格し，その翌年に登録しました。試験を受けた当時は小学校の PTA 役員を務めていたことや，調停委員の執務で役に立つと考えたことも受験の動機でした。

保育士になるためには，「保育士資格」という国家資格を取る必要があります。一般にはあまり知られていないのですが，前記のとおり保育士資格を取得するルートは２つあります。ひとつは，厚生労働大臣が指定する「指定保育士養成施設」という大学や短大，専門学校などで学んで卒業する方法。もうひとつは，年２回実施される保育士試験を受験して合格する方法です。私が受験した当時（2015 年）は年１回の試験でした。こちらは，指定保育士養成施設以外の学校（大学，短大，専門学校等）を卒業して受験資格を満たせば受験することが可能です。

試験のルートは筆記試験と実技試験の２段階で，前者は「保育原理」「教育原理」「社会的養護」「子ども家庭福祉」「社会福祉」「保育の心理学」「子どもの保健」「子どもの食と栄養」「保育実習理論」の９科目。全科目合格すると実技試験に進むことができます。実技試験は「音楽に関する技術」「造形に関する技術」「言語に関する技術」の３分野から２つを選択します。

私は２回目の受験で合格しました。試験会場では９割５分ぐらいが若い女性で，男性は数えるほどしか受験しておらず強烈なアウェー感を覚えました。

初回は筆記試験の「子どもの食と栄養」で点数が足りず不合格。筆記試験では一度合格した科目はその後3年間は再受験が免除されるため，2年目はこの「子どもの食と栄養」をパスして実技試験にも合格しました。実技試験では「造形」と「言語」を選択しています。「言語」の試験で私は「3びきのこぶた」の話を選びました。事前に作ったオリジナルの台本を記憶し，本番ではなにも見ずに話します。本試験では，「おおかみさんが大きく息を吸い，それをはき出して！」という部分で少し大げさなアクションを加えたところ，試験官が「お～っ」と驚いている様子が伺えました。女性の受験者が多いため，こういうところでは男性にアドバンテージがあるはずです。

大学などで保育士資格を取得した方には大変申し訳ないのですが，私は市販のテキストを使い独学で試験に受かりました。通信講座も受けていないので，おそらく最もコストをかけていない合格者のひとりです。筆記試験は各科目で6割以上得点すればよく，平均点もそこそこ高いのですが，全9科目で合格点をそろえる必要があるのが厄介なところです。実技試験の「造形」はその場で問題が出されるため，事前に準備をするのが難しいため，もう一度受験することになったら，あらかじめ課題曲が指定される「音楽」を選択しようかと考えていました。

以上が保育士試験の内容になります。なぜ試験の詳細を説明したかというと，こういうお話しをすると保育士資格を取得したいと考える人が思いのほか多いためです。2021年度の信州大学大学院の授業で保育士に関する雑談をしたところ，興味を持たれた受講者が複数いました。また，新聞記者時代の同僚（男性）にも受験のアドバイスを求められ，彼も2021年度に合格しています。

保育士資格は家事調停委員の執務のほか，通訳ガイドのゲストに幼児がいる場合にも役立っています。また，保育所の第三者評価を都道府県が行っていますが，その委託を受けた民間団体の調査員も務めています。コロナ禍の前には，保育所で聴き取り調査を実施し，第三者評価を行った経験があります。

行政書士を含む士業者の多くは近年，相続や成年後見など高齢者支援に関心が集中しています。高齢化が進んで社会のニーズが高いこと，それに対して専門職として的確に対応する必要があることから当然の流れではあります。しかしながら，子どもの育ちを支える分野があまりにも手薄であると感じているのは私だけでしょうか。将来の社会を担うのは，現在の子どもたちにほかならないのですが。

3 「多文化共生」の分野で生計を立てていくために

以上でみたように「多文化共生」の分野は多岐にわたります。ただ，この分野に興味を持たれた方も，「日本語教室」など無償で行う活動が多いことから，「この分野で食べていけるのだろうか」と不安を感じていらっしゃるかもしれません。

たしかに，「多文化共生」に関する活動はプロボノの側面が強いことは否定できません。プロボノとは，「社会的・公共的な目的のために，職業上のスキルや専門知識を活かして取り組むボランティア活動」です。「職業上のスキルや専門知識」は，ボランティア・社会貢献のためにも活かしますが，一方で業務として執務をする場合には，スキルや知識・経験に見合った報酬をしっかりといただくようにしています。

たとえば，在留資格等に係る国際業務は，行政書士の主要業務として一般に確立されている分野であり，報酬も安定しています。渉外相続や翻訳・通訳も同様に相応の報酬をいただいています。法テラスの通訳に私は携わっていませんが，公表されている「法テラスの通訳料基準（2019年10月改定版）」は下記のとおりです（一部を抜粋）。通訳料や相談料など私が設定している報酬は，この基準に準じる額になります。

通訳料基準の概要

費目	基準		（税込）
通訳料	基本料金	1日の通訳時間（実際に通訳を行った時間。待機時間を含まない）の合計が30分以内の場合	8,380円
	延長料金	1日の通訳時間の合計が30分を超える分について，その超過分が10分に達するごとに（10分未満は切捨て）	1,047円
待機手当	1日の待機時間（通訳予定場所に到着した時刻，同場所における契約弁護士との待ち合わせ時刻のうち，いずれか遅い時刻から，通訳を開始するまで〔通訳が実施されなかった場合は不実施が確定したときまで〕の時間）の合計が20分に達するごとに（20分未満は切捨て）		1,047円 （上限4,188円）

通訳料，待機手当の計算表

1日の通訳時間の合計	通訳料（税込）
1～39分	8,380円
40～49分	9,427円
50～59分	10,474円
60～69分	11,521円
以下10分に達するごとに	+1,047円（10分未満切捨て）

1日の待機時間の合計	待機手当（税込）
1～19分	0円
20～39分	1,047円
40～59分	2,094円
60～79分	3,141円
80分～	（上限4,188円）

また，私は全国通訳案内士（英語）として通訳ガイド業務もしていますが，コロナ禍の2020年2月から2年半は業務がすべてストップしてしまいました。一方，この期間についても，裁判所の調停委員の執務はコンスタントに入っています。世の中の動きは予断を許さない以上，リスクの分散を図っておくことも個人事業主として重要なことです。

ちなみに，全国通訳案内士として私が所属する観光庁届出団体「長野県通訳ガイドネット（NIGN）」の基本ガイド料金（英語）は，次のようになっています（一部を抜粋）。

半日（4 時間まで）	25,000 円
1 日（8 時間まで）	35,000 円
延長（8 時間以上 10 時間まで）	40,000 円
10 時間以上 1 時間毎の追加料金	5,000 円

なお，ボランティアで活動をする際，主催者・依頼者から感謝の気持ち・リスペクトが感じられず，費用のかからない単なる駒としか見られていないことがあります。そのようなときは，こちらも相応の対応（お断り等）をさせていただきます。たとえば，2021 年の東京五輪（東京 2020 大会）では，東京オリンピック・パラリンピック協議大会組織委員会（以下「組織委」といいます）が責任を持って行うべき業務をボランティアに半ば丸投げしていました。新型コロナウイルス感染拡大に対する組織委のリスク管理は不十分で，ワクチン未接種のまま活動せざるを得なかったほか，予定されていた PCR 検査も行われませんでした。また，ボランティア活動の拘束時間が12時間を超えた日もあったことなどから，組織委会長に運用改善を求めました。しかし，残念ながら対応していただけませんでした。そのため，14 日間の活動予定でしたが，5 日目を終えた時点でボランティアを辞退しました。なお，松本から東京までの往復交通費，活動中のホテル手配や宿泊代もすべて自己負担でした。

また，ボランティア活動をしていて役員等になってほしいと頼まれることがありますが，自分自身のキャパシティを超えると判断したときは，それも辞退しています。能力の範囲内で自己の業務・活動全体のバランスをとること，時間を有効活用することは，活動を継続していくうえでとても大切なことだと私は考えています。

第3章

外国人の人権享有主体性

第1節　外国人に人権は保障されているか（問題の所在）

人権は，人間である以上当然に共有できる普遍的な権利です。しかし，日本国憲法第３章の標題が「国民の権利及び義務」となっており，憲法の各条項も「国民は」と「何人も」とが使い分けられているように見えます。そこで，①日本国民ではない外国人にも憲法上の人権が保障されるのか，②それが肯定された場合，いかなる人権がどの程度外国人に保障されるのかが問題となります。この問題を考える際には，一時的旅行者，日本に生活の本拠を持つ永住者・特別永住者，難民等それぞれ類型が異なる外国人がいることに留意しなければなりません。

第2節　マクリーン事件最判

1　マクリーン事件最判（最大判昭和53年10月4日民集32巻7号1223頁）

マクリーン事件で最高裁は，上記①②について，「憲法第3章の諸規定による基本的人権の保障は，権利の性質上日本国民のみをその対象としていると解されるものを除き，わが国に在留する外国人に対しても等しく及ぶものと解すべきであ」る，と判示しました。

この判決が「外国人法務」の出発点になり，現在の実務はこの判決をベースにして動いているといえます。

【マクリーン事件】

米国人ロナルド・アラン・マクリーンが，在留期間１年として日本に入国。１年後，在留期間の更新許可申請をしたところ，法務大臣は，マクリーンが在留期間中に政治活動（ベトナム反戦，出入国管理法案反対，日米安保条約反対等のデモや集会に参加した行為）を行ったことを理由に更新を拒否しました。最高裁は，人権の保障は権利の性質上許される限り外国人にも及び，政治活動についても，外国人の地位にかんがみ認めることが相当でないと解される在留中の政治活動（わが国の政治的意思決定又はその実施に影響を及ぼす活動等）を除いて保障されるが，人権の保障は外国人の在留制度の枠内で与えられるにすぎないので，在留中の外国人の行為を，それが合憲・合法のものであっても，法務大臣は更新拒否のための消極的理由として斟酌することはできる，としました。そして本件では，法務大臣の裁量権の著しい逸脱・濫用は存在しない，と判示しました。（下線は筆者）

2　マクリーン事件最判の問題点

マクリーン事件の最高裁判決は，「在留期間中の憲法の基本的人権の保障を受ける行為を在留期間の更新の際に消極的な事情としてしんしゃくされないことまでの保障が与えられているものと解することはできない」としています。

この点については，「在留期間の更新」と「人権の享有・行使」の判断を切り離すのは妥当かどうかという問題があります。

この事件で第１審（東京地判昭和48年3月27日行集24巻3号187頁）は，在留期間の更新許可について被告・法務大臣が「相当広汎な裁量を有する」ことを認めながらも，その裁量権は「憲法その他の法令上，一定の制限に服する」とし，法務大臣の処分は「社会観念上著しく公平さ，妥当さを欠」き，「日本国憲法の国際協調主義および基本的人権保障の理念にかんがみ…裁量の範囲を逸脱する違法の処分」であるとしてこれを取り消しました。

これに対し第２審（東京高判昭和50年9月25日行集26巻9号1055頁）は，法務大臣は更新を適当と認めるに足る「相当の理由」（出入国管理令21条3項，平成元年改正前の出入国管理及び難民認定法4条1項16号）があるときにこれを許可すれば足り，その際の判断は「自由な裁量」に任されており，在留期間中の政治活動を消極的資料にすることも許されると判示し，第１審判決を取り消しています。

このように，上級審（第2審，最高裁）は在留中の権利行使を認めながらも，更新時にこれを不利益に評価できるとして，「在留期間の更新」と「人権の享有・行使」を切り離して考えています。しかし，在留期間中の正当な権利行使を理由として在留期間更新が不許可とされるようであれば，外国人は正当な権利行使を控えざるを得なくなります。その意味で，上級審のように判断すれば表現行為の「萎縮効果」を生む点に問題があります。

第３節　主に問題となる人権

外国人の人権として特に問題となるのは，参政権，社会権，入国の自由です。この3つは従来，外国人には保障されない人権とされてきました。また，参政権的な機能を果たす政治的自由は，その保障の程度・限界が問題となります。

1　参　政　権

参政権は，国民が自己の属する国の政治に参加する権利です。その性質上，当該国家の国民にのみ認められる権利ですが，狭義の参政権（選挙権，被選挙権）と広義の参政権（公務就任権）を分けて考える必要があります。

(1) 狭義の参政権

狭義の参政権は外国人には保障されていません（公職選挙法9条・10条，地方自治法18条参照)。しかし，最高裁は，地方公共団体の長，その議会の議員等の直接選挙について規定する憲法93条2項について，「本条2項にいう「住民」とは地方公共団体の区域内に住所を有する日本国民を意味し，在留外国人に対して地方公共団体における選挙権を保障したものということはできないが，在留外国人のうちでも永住者等であってその居住する地方公共団体と特段に緊密な関係を持つに至った者について，その意思を日常生活に密接な関連を有する地方公共団体の公共的事務に反映させるべく，地方公共団体の長，その議会の議員等に対する選挙権を付与する立法措置を講ずることは，憲法上禁止されていない」と判示しました（最判平成7年2月28日民集49巻2号639頁）。したがって，定住外国人に法律で選挙権を付与することは憲法上禁止されていないというのが判例の考え方です。

(2) 広義の参政権

公権力を行使する職務のうち，直接国の政策に影響を及ぼすところの少ない調査的・諮問的・教育的な職務については，定住外国人の就任を認めてもよいと考えられます。実際，最近は一定の職種に限って公務就任要件から国籍条項をはずす地方自治体が増えています。

東京高判平成9年11月26日判タ960号79頁は，①公権力の行使又は公の意思の形成に参画することによって直接的に統治作用に関わる管理職に就くことはできないが，②もっぱら専門的・技術的な分野においてスタッフとしての職務に従事するなど，統治作用に関わる程度の弱い管理職と，③それ以外の，上司の命を受けて行う補佐的・補助的な事務又はもっぱら学術的・技術的な専門分野の事務に従事する公務員に就くことは，必ずしも国民主権の原理に反しない，としています。

2 社　会　権

社会権は，本来は各人の所属する国によって保障されるべき権利です。しかし，財政事情等が許す限りにおいて，法律で外国人に社会権を認めることは憲法上問題ないと解されます。特に，日本に定住する在日韓国・朝鮮人及び中国人については，歴史的経緯及び生活実態等を考えれば，できる限り日本国民と同様に扱うことが憲法の趣旨に合致します。

塩見訴訟最高裁判決（最判平成元年3月2日判時1363号68頁）は，「社会保障上の施策において在留外国人をどのように処遇するかについては，国は，特別の条約の存しない限り，当該外国人の属する国との外交関係，変動する国際情勢，国内の政治・経済・社会的諸事情等に照らしながら，その政治的判断によりこれを決定することができるのであり，その限られた財源の下で福祉的給付を行うにあたり，自国民を在留外国人より優先的に扱うことも，許されるべきこと」であり，国民年金法（昭和56年改正前）81条1項の障害福祉年金の支給対象者から在留外国人を除外することは立法府の裁量の範囲に属する，と判示しています。

3　出入国の自由

（1）入国の自由

外国人に入国の自由が保障されないことは，今日の国際慣習法上当然であるとするのが通説・判例（最大判昭和32年6月19日刑集11巻6号1663頁）です。出入国管理及び難民認定法（以下「入管法」）は，上陸拒否事由を列挙し（5条1項），法務大臣に広い裁量権を与えています（同14号）。

入国の自由がない以上，在留の権利も憲法上保障されているとはいえない，とするのが前述のマクリーン事件最判です。

なお，入国の自由に関連して，「庇護権」が問題になります。国際慣習法上で問題とされる庇護権とは，本国で政治的迫害を受けている者に庇護を与えた国家が，そのことによって国際法上の責任を問われないという意味での国の権利をいいます。

また，一旦庇護を受けた者については，迫害を受けるおそれのある国に追放・送還してはならないというノン・ルフールマン（non-refoulement）原則があります（難民条約33条1項）。

【難民条約33条（追放及び送還の禁止）】

1　締約国は，難民を，いかなる方法によっても，人種，宗教，国籍若しくは特定の社会的集団の構成員であること又は政治的意見のためにその生命又は自由が脅威にさらされるおそれのある領域の国境へ追放し又は送還してはならない。
2　締約国にいる難民であって，当該締約国の安全にとって危険であると認めるに足りる相当な理由があるもの又は特に重大な犯罪について有罪の判決が確定し当該締約国の社会にとって危険な存在となったものは，1の規定による利益の享受を要求することができない。

(2) 出国の自由

判例は，憲法22条2項を根拠として外国人の出国の自由を認めています（最大判昭和32年12月25日刑集11巻14号3377頁）。

(3) 再入国の自由

判例は，外国人には「憲法上，外国へ一時旅行する自由を保障されているものではない」から，再入国の自由も保障されない，としています（森川キャサリーン事件，最判平成4年11月16日裁判集民166号575頁）。もっとも，特別永住者の再入国は規制が緩和されています（入管特例法23条参照）。

【森川キャサリーン事件】

森川キャサリーン・クノルドは，1973年に日本に入国し日本人と結婚した米国籍の定住外国人。韓国への旅行計画を立てて再入国許可申請をしたところ，指紋押捺拒否を理由に不許可となりました。過去に3度再入国許可を得ていたことから，申請不許可処分の取消しと国家賠償を請求した事件。

4 政治活動の自由

外国人の政治活動の自由について，前述の最高裁マクリーン事件判決は，「政治活動についても，わが国の政治的意思決定又はその実施に影響を及ぼす活動等外国人の地位にかんがみこれを認めることが相当でないと解されるものを除き，その保障が及ぶ」と判示しています。

政治活動の自由は，参政権的機能を持つことを考えれば，国民の政治的選択に直接的に不当な影響を及ぼすような活動は外国人には認められないと解すべきです。しかし，在住外国人の利害にかかわるような選択については，その方法が適切であれば，積極的な意思表示をすることも憲法の保障する精神的自由の範囲に属すると考えられます。

また，「平穏に請願する権利」（憲法16条）は，「何人も」と規定されていることから外国人にも保障され，いかなる場合でも制限されることはないと解されます。

第4章

在 留 資 格

第1節　在留資格とは

1　在留資格の意味

在留資格とは，外国人（日本の国籍を有しない者）が日本で適法に滞在するために必要な法律上の資格のことです。出入国管理及び難民認定法（以下「入管法」といいます）は29種類の在留資格を定めており，日本に滞在する外国人は，原則としてこのうちの1つの在留資格を取得しなければなりません（2条の2第1項）。

ただし，平和条約国籍離脱者及び平和条約国籍離脱者の子孫には，「日本国との平和条約に基づき日本の国籍を離脱した者等の出入国管理に関する特例法」が適用され，「特別永住者」という法的地位が与えられています（同法3条，4条，5条）。また，在日米軍や軍で働く米国籍職員及びその家族は，日本の出入国管理法令が適用除外され，日米地位協定9条2項に基づいて在留資格を持たずに在留することができます。

入管法の目的は次の3つです（1条）。

① 本邦に入国し，又は本邦から出国するすべての人の出入国の公正な管理を図ること。

② 本邦に在留するすべての外国人の在留の公正な管理を図ること。

③ 難民の認定手続を整備すること。

2　在留資格の種類

29種類の在留資格のうち入管法別表第一に規定された「外交」から「特定活動」までの25種類は，当該外国人が日本で行う活動に着目した就労系の在留資格です。別表第一の在留資格では，原則として当該在留資格が想定する就労活動しか行うことができず，在留期間にも制限があります。

一方，入管法別表第二に規定された4つの在留資格（永住者，日本人の配偶者等，永住者の配偶者等，定住者）は，当該外国人の地位に着目した身分系の在留資格です。別表第二の在留資格は活動制限がなく，在留期間についても「永住者」は無期限です。

在留資格の一覧表は，以下のとおりです。

一の表（就労資格）

在留資格	本邦において行うことができる活動	該当例	在留期間
外交	日本国政府が接受する外国政府の外交使節団若しくは領事機関の構成員，条約若しくは国際慣行により外交使節と同様の特権及び免除を受ける者又はこれらの者と同一の世帯に属する家族の構成員としての活動	外国政府の大使，公使，総領事，代表団構成員等及びその家族	外交活動の期間
公用	日本国政府の承認した外国政府若しくは国際機関の公務に従事する者又はその者と同一の世帯に属する家族の構成員としての活動（この表の外交の項に掲げる活動を除く。）	外国政府の大使館・領事館の職員，国際機関等から公の用務で派遣される者等及びその家族	5年，3年，1年，3月，30日又は15日
教授	本邦の大学若しくはこれに準ずる機関又は高等専門学校において研究，研究の指導又は教育をする活動	大学教授等	5年，3年，1年又は3月
芸術	収入を伴う音楽，美術，文学その他の芸術上の活動（二の表の興行の項に掲げる活動を除く。）	作曲家，画家，著述家等	5年，3年，1年又は3月
宗教	外国の宗教団体により本邦に派遣された宗教家の行う布教その他の宗教上の活動	外国の宗教団体から派遣される宣教師等	5年，3年，1年又は3月
報道	外国の報道機関との契約に基づいて行う取材その他の報道上の活動	外国の報道機関の記者，カメラマン	5年，3年，1年又は3月

二の表（就労資格，上陸許可基準の適用あり）

在留資格	本邦において行うことができる活動		該当例	在留期間
高度専門職	１号 高度の専門的な能力を有する人材として法務省令で定める基準に適合する者が行う次のイからハまでのいずれかに該当する活動であって，我が国の学術研究又は経済の発展に寄与することが見込まれるもの	イ　法務大臣が指定する本邦の公私の機関との契約に基づいて研究，研究の指導若しくは教育をする活動又は当該活動と併せて当該活動と関連する事業を自ら経営し若しくは当該機関以外の本邦の公私の機関との契約に基づいて研究，研究の指導若しくは教育をする活動	ポイント制による高度人材	５年
		ロ　法務大臣が指定する本邦の公私の機関との契約に基づいて自然科学若しくは人文科学の分野に属する知識若しくは技術を要する業務に従事する活動又は当該活動と併せて当該活動と関連する事業を自ら経営する活動		
		ハ　法務大臣が指定する本邦の公私の機関において貿易その他の事業の経営を行い若しくは当該事業の管理に従事する活動又は当該活動と併せて当該活動と関連する事業を自ら経営する活動		

<table>
<tr><td rowspan="4"></td><td rowspan="4">2号
　1号に掲げる活動を行った者であって，その在留が我が国の利益に資するものとして法務省令で定める基準に適合するものが行う次に掲げる活動</td><td>イ　本邦の公私の機関との契約に基づいて研究，研究の指導又は教育をする活動</td><td rowspan="4"></td><td rowspan="4">無期限</td></tr>
<tr><td>ロ　本邦の公私の機関との契約に基づいて自然科学又は人文科学の分野に属する知識又は技術を要する業務に従事する活動</td></tr>
<tr><td>ハ　本邦の公私の機関において貿易その他の事業の経営を行い又は当該事業の管理に従事する活動</td></tr>
<tr><td>ニ　2号イからハまでのいずれかの活動と併せて行う一の表の教授，芸術，宗教，報道の項に掲げる活動又はこの表の法律・会計業務，医療，教育，技術・人文知識・国際業務，介護，興行，技能，特定技能2号の項に掲げる活動（2号イからハまでのいずれかに該当する活動を除く。）</td></tr>
<tr><td>経営・管理</td><td colspan="2">本邦において貿易その他の事業の経営を行い又は当該事業の管理に従事する活動（この表の法律・会計業務の項に掲げる資格を有しなければ法律上行うことができないこととされている事業の経営又は管理に従事する活動を除く。）</td><td>企業等の経営者・管理者</td><td>5年，3年，1年，6月，4月又は3月</td></tr>
<tr><td>法律・会計業務</td><td colspan="2">外国法事務弁護士，外国公認会計士その他法律上資格を有する者が行うこととされている法律又は会計に係る業務に従事する活動</td><td>弁護士，公認会計士等</td><td>5年，3年，1年又は3月</td></tr>
</table>

医療	医師，歯科医師その他法律上資格を有する者が行うこととされている医療に係る業務に従事する活動	医師，歯科医師，看護師	５年，３年，１年又は３月
研究	本邦の公私の機関との契約に基づいて研究を行う業務に従事する活動（一の表の教授の項に掲げる活動を除く。）	政府関係機関や私企業等の研究者	５年，３年，１年又は３月
教育	本邦の小学校，中学校，義務教育学校，高等学校，中等教育学校，特別支援学校，専修学校又は各種学校若しくは設備及び編制に関してこれに準ずる教育機関において語学教育その他の教育をする活動	中学校・高等学校等の語学教師等	５年，３年，１年又は３月
技術・人文知識・国際業務	本邦の公私の機関との契約に基づいて行う理学，工学その他の自然科学の分野若しくは法律学，経済学，社会学その他の人文科学の分野に属する技術若しくは知識を要する業務又は外国の文化に基盤を有する思考若しくは感受性を必要とする業務に従事する活動（一の表の教授，芸術，報道の項に掲げる活動，この表の経営・管理，法律・会計業務，医療，研究，教育，企業内転勤，介護，興行の項に掲げる活動を除く。）	機械工学等の技術者，通訳，デザイナー，私企業の語学教師，マーケティング業務従事者等	５年，３年，１年又は３月
企業内転勤	本邦に本店，支店その他の事業所のある公私の機関の外国にある事業所の職員が本邦にある事業所に期間を定めて転勤して当該事業所において行うこの表の技術・人文知識・国際業務の項に掲げる活動	外国の事業所からの転勤者	５年，３年，１年又は３月
介護	本邦の公私の機関との契約に基づいて介護福祉士の資格を有する者が介護又は介護の指導を行う業務に従事する活動	介護福祉士	５年，３年，１年又は３月

興行	演劇，演芸，演奏，スポーツ等の興行に係る活動又はその他の芸能活動（この表の経営・管理の項に掲げる活動を除く。）		俳優，歌手，ダンサー，プロスポーツ選手等	3年，1年，6月，3月又は15日
技能	本邦の公私の機関との契約に基づいて行う産業上の特殊な分野に属する熟練した技能を要する業務に従事する活動		外国料理の調理師，スポーツ指導者，航空機の操縦者，貴金属等の加工職人等	5年，3年，1年又は3月
特定技能	1号	法務大臣が指定する本邦の公私の機関との雇用に関する契約（入管法第2条の5第1項から第4項までの規定に適合するものに限る。次号において同じ。）に基づいて行う特定産業分野（人材を確保することが困難な状況にあるため外国人により不足する人材の確保を図るべき産業上の分野として法務省令で定めるものをいう。同号において同じ。）であって法務大臣が指定するものに属する法務省令で定める相当程度の知識又は経験を必要とする技能を要する業務に従事する活動	特定産業分野に属する相当程度の知識又は経験を要する技能を要する業務に従事する外国人	1年，6月又は4月

	2号	法務大臣が指定する本邦の公私の機関との雇用に関する契約に基づいて行う特定産業分野であって法務大臣が指定するものに属する法務省令で定める熟練した技能を要する業務に従事する活動	特定産業分野に属する熟練した技能を要する業務に従事する外国人	3年，1年又は6月
技能実習	1号	イ　技能実習法上の認定を受けた技能実習計画（第一号企業単独型技能実習に係るものに限る。）に基づいて，講習を受け，及び技能等に係る業務に従事する活動	技能実習生	法務大臣が個々に指定する期間（1年を超えない範囲）
		ロ　技能実習法上の認定を受けた技能実習計画（第一号団体監理型技能実習に係るものに限る。）に基づいて，講習を受け，及び技能等に係る業務に従事する活動		
	2号	イ　技能実習法上の認定を受けた技能実習計画（第二号企業単独型技能実習に係るものに限る。）に基づいて技能等を要する業務に従事する活動		法務大臣が個々に指定する期間（2年を超えない範囲）
		ロ　技能実習法上の認定を受けた技能実習計画（第二号団体監理型技能実習に係るものに限る。）に基づいて技能等を要する業務に従事する活動		

	3号	イ　技能実習法上の認定を受けた技能実習計画（第三号企業単独型技能実習に係るものに限る。）に基づいて技能等を要する業務に従事する活動		法務大臣が個々に指定する期間（2年を超えない範囲）
		ロ　技能実習法上の認定を受けた技能実習計画（第三号団体監理型技能実習に係るものに限る。）に基づいて技能等を要する業務に従事する活動		

三の表（非就労資格）

在留資格	本邦において行うことができる活動	該当例	在留期間
文化活動	収入を伴わない学術上若しくは芸術上の活動又は我が国特有の文化若しくは技芸について専門的な研究を行い若しくは専門家の指導を受けてこれを修得する活動（四の表の留学，研修の項に掲げる活動を除く。）	日本文化の研究者等	3年，1年，6月又は3月
短期滞在	本邦に短期間滞在して行う観光，保養，スポーツ，親族の訪問，見学，講習又は会合への参加，業務連絡その他これらに類似する活動	観光客，会議参加者等	90日若しくは30日又は15日以内の日を単位とする期間

四の表（非就労資格，上陸許可基準の適用あり）

在留資格	本邦において行うことができる活動	該当例	在留期間
留学	本邦の大学，高等専門学校，高等学校（中等教育学校の後期課程を含む。）若しくは特別支援学校の高等部，中学校（義務教育学校の後期課程及び中等教育学校の前期課程を含む。）若しくは特別支援学校の中学部，小学校（義務教育学校の前期課程を含む。）若しくは特別支援学校の小学部，専修学校若しくは各種学校又は設備及び編制に関してこれらに準ずる機関において教育を受ける活動	大学，短期大学，高等専門学校，高等学校，中学校及び小学校等の学生・生徒	法務大臣が個々に指定する期間（４年３月を超えない範囲）
研修	本邦の公私の機関により受け入れられて行う技能等の修得をする活動（二の表の技能実習１号，この表の留学の項に掲げる活動を除く。）	研修生	１年，６月又は３月
家族滞在	一の表の教授，芸術，宗教，報道，二の表の高度専門職，経営・管理，法律・会計業務，医療，研究，教育，技術・人文知識・国際業務，企業内転勤，介護，興行，技能，特定技能２号，三の表の文化活動又はこの表の留学の在留資格をもって在留する者の扶養を受ける配偶者又は子として行う日常的な活動	在留外国人が扶養する配偶者・子	法務大臣が個々に指定する期間（５年を超えない範囲）

五の表

在留資格	本邦において行うことができる活動	該当例	在留期間
特定活動	法務大臣が個々の外国人について特に指定する活動	外交官等の家事使用人，ワーキング・ホリデー，経済連携協定に基づく外国人看護師・介護福祉士候補者等	５年，３年，１年，６月，３月又は法務大臣が個々に指定する期間（５年を超えない範囲）

入管法別表第二の上欄の在留資格（居住資格）

在留資格	本邦において有する身分または地位	該当例	在留期間
永住者	法務大臣が永住を認める者	法務大臣から永住の許可を受けた者（入管特例法の「特別永住者」を除く。）	無期限
日本人の配偶者等	日本人の配偶者若しくは特別養子又は日本人の子として出生した者	日本人の配偶者・子・特別養子	5年，3年，1年又は6月
永住者の配偶者等	永住者等の配偶者又は永住者等の子として本邦で出生しその後引き続き本邦に在留している者	永住者・特別永住者の配偶者及び本邦で出生し引き続き在留している子	5年，3年，1年又は6月
定住者	法務大臣が特別な理由を考慮し一定の在留期間を指定して居住を認める者	第三国定住難民，日系3世，中国残留邦人等	5年，3年，1年，6月又は法務大臣が個々に指定する期間（5年を超えない範囲）

出典：出入国在留管理庁「在留資格一覧表」

3　在留資格に関する手続

在留資格に関する手続には主に以下のものがあります。

① 在留資格認定証明書交付申請（入管法7条の2）

② 在留期間更新許可申請（21条）

③ 在留資格変更許可申請（20条，20条の2）

④ 永住許可申請（22条）

⑤ 資格外活動許可申請（19条2項）

⑥ 在留特別許可申請（50条）

4　在留資格に関する問題点

在留資格に関しては，以下のような制度上・運用上の問題点があります。

(1) 行政裁量の広範性

在留資格について最も問題になるのは，出入国在留管理庁の行政裁量の広範性です。

在留資格変更（入管法20条3項），在留期間更新（21条3項），在留資格取得（22条の2第3項）のいずれについても，「相当の理由があるときに限り，これを許可することができる」と定めています。また，在留特別許可を規定する50条1項も，法務大臣が「その者の在留を特別に許可することができる」場合として，4号は「その他法務大臣が特別に許可すべき事情があると認めるとき」としています。「相当の理由」「特別に許可すべき事情」という要件についても，また「許可することができる」という効果についても，法務大臣の裁量判断に委ねられています。

さらに実務上，法務大臣の権限の多くは地方出入国在留管理局の長に委任されています。そのため，各地方出入国在留管理局長によって判断が異なる場合があるほか，ひとつの地方出入国在留管理局内部でも審査官ごとに判断が区々になることも生じるのです。

(2) 出入国在留管理政策の流動性

入管法は，戦後の1951年10月に出入国管理令（ポツダム政令）として制定されました。「日本国との平和条約」が効力を生じた1952年4月28日以降，ポツダム政令は効力を失いましたが，出入国管理令は存続し現在に至っています。制定当初，出入国管理令は手続的には慎重な規定が置かれた反面，実体要件に関する規定が少なく裁量が広範でした。出入国管理令はその後改正を重ね，実体要件に関する規定が追加されていますが，その重要部分は多数の政省令や告示に委任されました。

「難民の地位に関する条約」への加入（1981年）にあたり，出入国管理令は1982年，難民認定手続等を加えた「出入国管理及び難民認定法」と改められました。以後，国際化の進展や時代の要請に合わせて改正が繰り返されています。特にリーマンショック（2008年），東日本大震災（2011年），新型コロナウイルス感染拡大（2019年12月以降）など国内外で大きな状況の変化が生じるたびに，出入国在留管理の政策変更が行われてきました。その意味で出入国在留管理政策は非常に流動的だといえます。

(3) 不服申立制度等の適用除外

まず行政手続法は,「外国人の出入国」に関する処分及び行政指導を適用除外としています(3条1項10号)。そのため,審査基準の設定・公表義務(5条),処分基準の設定・公表の努力義務(12条),不利益処分の理由提示義務(14条)はいずれも行政庁に課されていません。

また,行政不服審査法では,「外国人の出入国又は帰化に関する処分」が適用除外になっています(7条1項10号)。そのため,処分についての審査請求(2条),不作為についての審査請求(3条)はいずれも認められていません。

さらに,退去強制の局面では,入管法には違反審査(45条),口頭審理(48条),異議の申出(49条)という「特別な不服申立手続」(最判平成18年10月5日判時1952号71頁)が設けられており,行政不服審査法との関係では一般法と特別法の関係になっています。ここでも行政不服審査法の適用は排除されています。

(4) 行政書士としての対応

以上のように,在留資格に関しては行政裁量の広範性,出入国在留管理政策の流動性があり,不服申立制度も「外国人の出入国」に関する処分等については認められていません。これらの制度・運用に対応するためには,行政書士が申請の段階で「理由書」等に以下の内容を盛り込むことが必要になります。

まず,憲法及び国際人権条約。法務大臣の行う処分は,憲法に従って行使されなければなりません。憲法41条は,「国会は国権の最高機関であって,国の唯一の立法機関である」と規定しています。そして憲法98条1項は,「この憲法は,国の最高法規であって,その条規に反する法律,命令,詔勅及び国務に関するその他の行為の全部又は一部は,その効力を有しない」と規定し,憲法99条は公務員等の憲法尊重擁護義務を定めています。

また,条約は入管法などの法律よりも上位の法規です。憲法第10章の最高法規のなかの98条2項も，「日本国が締結した条約及び確立された国際法規は，これを誠実に遵守することを必要とする」と規定しています。したがって，わが国が締結した条約，特に国際人権条約の下で出入国管理行政は行われなければならず，国際基準に合致することが求められます。なかでも重要な国際人権条約は，「市民的及び政治的権利に関する国際規約」（自由権規約）です。この規約は，外国人を含む日本の領域内にいるすべての個人の人権を保障し，直接適用可能性（裁判官の司法判断において，それ自体で判断の根拠として用いることができること）があります。自由権規約には19条（表現の自由）や24条（児童の保護），25条（選挙及び公務への参与），26条（法の前の平等・無差別）などの規定があります。そのほか，「児童の権利に関する条約」の適用を検討することが必要になる場合も出てきます。

また，行政法の「平等原則」，「比例原則」も有効な武器になると考えられます。憲法14条に基礎づけられる平等原則は，行政は国民を合理的な理由なく差別してはならないという原則です。平等原則を厳格に適用すれば，最初の処分については裁量の問題が生じるとしても，それ以後は裁量の余地がない羈束処分となります（最判昭和30年6月24日民集9巻7号930頁）。処分の先例や判例・裁判例を裁量統制の基準として活用することができるはずです。山脇康嗣『入管法判例分析』（日本加除出版，2013年），多賀谷一照（編著）『実務裁判例　出入国管理及び難民認定法』（日本加除出版，2016年）などが参考になります。

比例原則は，目的と手段の均衡を要求する法原則で，今日では行政の権力活動一般に妥当する原理と理解されています。広義では，手段が目的達成のために適合的か，目的達成のための必要最小限の手段か，侵害される利益が達成される利益と均衡しているかの3つが含まれるとするのが通例です。在留期間の更新をせずに長期間日本に滞在し，在留特別許可を求めて入管当局に出頭した外国人に対してなされた退去強制令書発付処分が，すでに確立した裁量基準から逸脱しており，比例原則にも反するとして取り消された事例（東京地判平成15年9月19日判時1836号46頁）などがあります。

第2節　国内に在住する外国人の状況（2022年6月末現在）

(1) 国内に在住する外国人の数

国内に在住する外国人数は2022（令和4）年6月末現在，296万1,969人です。このうち中長期在留者数は266万9,267人，特別永住者数は29万2,702人となっています。

在住外国人数は，前年末の276万635人に比べて20万1,334人（7.3％）増加しています。

在留外国人数の推移（総数）

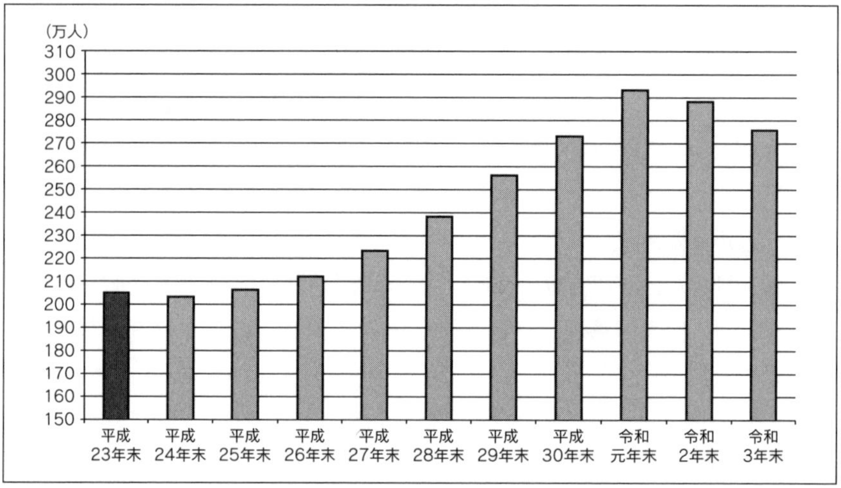

出典：出入国在留管理庁「在留外国人数の推移（総数）」

(2) 国籍・地域別

最も多いのは中国74万4551人（25.1％）です。以下，ベトナム，韓国，フィリピン，ブラジルと続きます。タイが台湾に変わって第9位となりました。

国籍・地域別　在留外国人の構成比

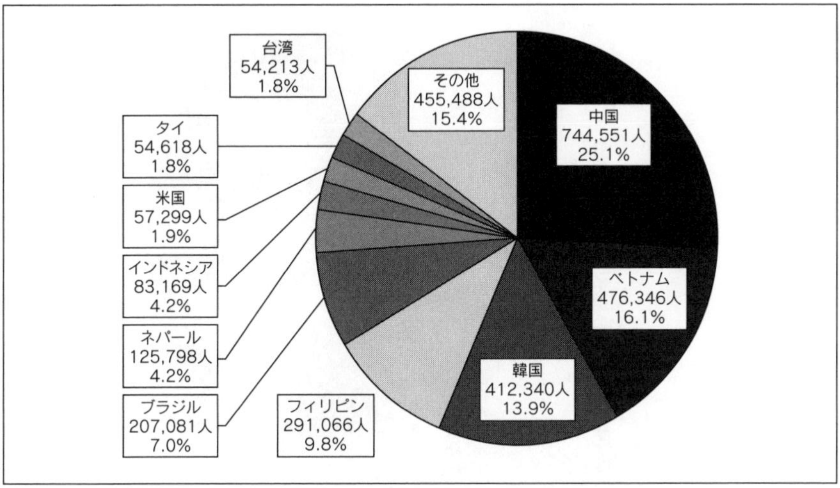

出典：出入国在留管理庁「国籍・地域別　在留外国人の構成比」
（令和4年6月末）

(3) 都道府県別

在住外国人が最も多いのは東京都の56万6,525人で全国の19.1％。以下，愛知県，大阪府，神奈川県，埼玉県と続きます。

在留外国人の構成比（都道府県別）

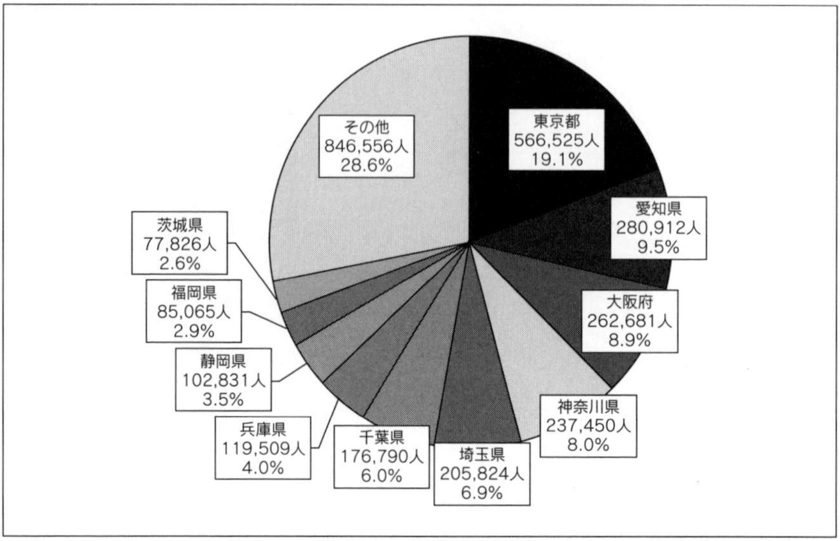

出典：出入国在留管理庁「都道府県別　在留外国人の構成比」
（令和 4 年 6 月末）

（4）在留資格別

「永住者」が最も多く 84 万 5,693 人。以下，「技能実習（1 号イ，同ロ，2 号イ，同ロ，3 号イ及び同ロの総数）」32 万 7,689 人，「技術・人文知識・国際業務」30 万 45 人，「特別永住者」29 万 2,702 人と続いています。

在留資格別　在留外国人の構成比

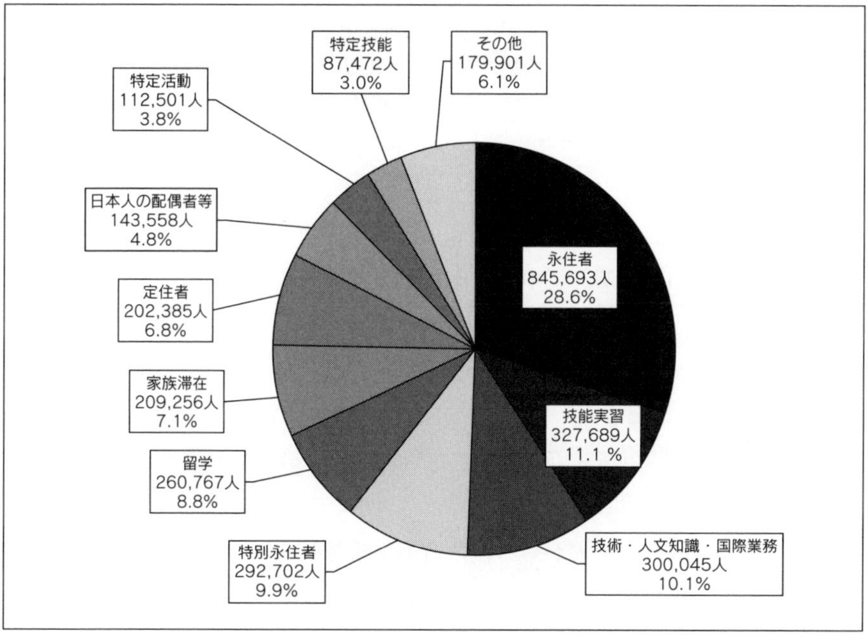

出典：出入国在留管理庁「在留資格別　在留外国人の構成比」（令和4年6月末）

第3節　事例検討

◆事例Ⅰ

「永住者の配偶者等」の在留資格を持つ千葉県船橋市在住の中国人男性A氏（32歳）の在留期間更新許可申請。A氏は，永住者の中国人妻，3歳長男，1歳二男との4人家族。A氏は商標法違反容疑で逮捕され，諏訪署に勾留されています。在留期限（2020年11月24日）が20日後に迫っています。

本件は，商標法違反容疑の「諏訪拠点偽ブランド事件」にかかわるものです。

【諏訪拠点偽ブランド事件】

A氏は2019年10月，商標法違反の罪に問われたB被告（諏訪市）らと共謀し，諏訪市を発送拠点としてイタリアのブランド「GUCCI」の商標に似たマーク付きベルトなど3点（計1万6,804円）を，伊那市や石川県の女性に販売。この事件で男女6人が逮捕され，A氏とB氏の2人が起訴されました。

(1) 手続の経緯

A氏の在留期間更新許可申請を東京出入国在留管理局（以下「東京入管」といいます）において行い（下記⑥），申請手続を終えて東京入管から退出した直後にA氏弁護人から，長野地検がA氏を起訴（公判請求）した旨の連絡がありました（下記⑦）。

後日，在留期間更新許可申請が許可され，その後の公判に被告人A氏は出頭することができました。

① A氏の国選弁護人からの在留資格手続依頼：2020年10月26日
② A氏の接見禁止解除：2020年10月29日
③ A氏の妻からの受任：2020年11月2日
④ A氏の弟から情報収集。A氏の妻及び弟に対し必要書類の作成・収集を依頼
⑤ 松本署に移送されたA氏との一般面会（弁護士接見と同席）：2020年11月6日
（在留期間更新許可申請書の内容確認，署名欄のサイン）
⑥ 東京入管への在留期間更新許可申請：2020年11月10日
⑦ 長野地検がA氏を起訴（公判請求）：2020年11月10日
⑧ A氏保釈：2020年11月20日
⑨ 東京入管からの申請許可通知書受領：2020年12月3日
⑩ 東京入管から更新後の在留カード受領
⑪ 被告人A氏の商標法違反事件の第1回公判（長野地裁松本支部）：2020年12月22日
⑫ 第2回公判：2021年1月15日
（求刑　罰金30万円）

⑬ 第3回公判：2021年2月2日

（判決 罰金30万円（労役場留置1日5,000円））

（2）申請提出書類一覧

提出書類一覧

（在留期間更新許可申請，「永住者の配偶者等」）

2020年11月10日

法務大臣 殿

申請人 ○○○

1	在留期間更新許可申請書	1通
2	写真（縦4 cm×横3 cm）	1葉（申請書に貼付）
3	令和2年度（令和元年分）課税（所得）証明書：申請人	1通
4	令和2年度（令和元年分）非課税（所得）証明書：配偶者（永住者）	1通
5	市県民税納税証明書（令和2年度）：申請人	1通
6	市県民税納税証明書（令和2年度）：配偶者（永住者）	1通
7	配偶者（永住者）の身元保証書	1通
8	理由書（配偶者及び申請人弟・○○○）	1通
9	理由書（申請取次行政書士）	1通
10	配偶者（永住者）の在職証明書	1通
11	家族4名の住民票	各1通
12	在留カード写し：申請人	1通
13	在留カード写し：配偶者（永住者）	1通
14	パスポート写し：申請人	1通
15	パスポート写し：配偶者（永住者）	1通
16	中国政府発行の結婚登記証明書写し	1通

※「申請人に係る婚姻が継続していることを証明する文書」につきましては，上記8（理由書）及び上記11（家族4名の住民票，10月23日発行）の記載内容をご覧いただきたくお願い申し上げます。

以上

(3) 理　由　書

2020年11月9日

法務大臣　殿

申請取次行政書士
岡田行政書士事務所　岡田　忠興

理　由　書

永住者の配偶者である○○○の在留期間更新許可申請（「永住者の配偶者等」）につきまして，以下の理由から許可をいただきたくお願い申し上げます。

申請人は，2015年9月に○○○と結婚し，長男（3歳）及び二男（1歳）とともに家族4人で平穏な生活を送ってきました。

申請人は，奇しくも在留期限が迫る中，商標法違反容疑で逮捕・勾留される事態となりました。○○○及び申請人弟・○○○の理由書に記載しましたとおり，申請人は犯罪の認識がなく違法な行為に加担してしまったものと推察されます。今後は日本国の法令を正しく理解したうえで遵守するよう，配偶者・弟等も含めて誓約しているところです。

弊職は11月6日，松本警察署において申請人と一般面会をしてまいりました。今般の事件について，申請人は深く反省している様子が伺われ，二度と過ちを犯さないことを誓っておりました。

申請人が再び，家族とともに平穏な生活を日本で送ることが叶いますよう，そして2人の子の父親としての責任を全うすることができますよう，格別の御配意を賜りたくお願い申し上げる次第です。

以上

(4) 本事例の問題点

本事例では，在留期間更新許可申請が許可されましたが，仮に不許可になった場合には入管当局により収容され，退去強制手続が行われる可能性もありました。

そこで，本事例のように，①刑事訴訟法による逮捕・勾留と，②入管当局による退去強制手続に伴う収容の2つの身柄拘束手続が競合する可能性が生じた場合，どのように両者の調整・連携を図るのかが問題になります（『外事犯罪捜査ハンドブック〔第2版〕』49頁以下参照）。

刑事手続は国家の刑罰権の実現を目的とし，退去強制手続は国家の強制退去権の実現を目的とするものです。両者は別個独立の手続であり，いずれか一方が優先するという関係にはありません。

ただし，入管法63条1項は，退去強制事由に該当する外国人について，刑事訴訟に関する法令等の規定による手続が行われている場合には，入管当局は，その者を収容しないときでも退去強制手続を行うことができると規定しています。また，同条2項は，同条1項に基づき退去強制令書が発付された場合には，検事総長又は検事長の許可のある場合を除き，刑事手続が終了し身柄が釈放された後にその執行を行うこととして，刑事手続が優先することを定めています。

この場合，当該外国人の身柄が当該刑事手続で拘束されているか否かを問わず，刑事手続が優先するとする説（全面適用説）と，当該外国人の身柄が当該刑事手続で拘束されている場合のみを意味するとする説（制限適用説）とがあります。入管当局は制限適用説を採り，行政実務も同説に従って運用されています。制限適用説は，退去強制手続が原則として収容令書に基づく身柄拘束を前提とするとされ（全件収容主義・収容前置主義），入管法63条1項はその例外を定めたものであることを根拠としています。

そして，制限適用説を前提とすると，刑事手続で身柄が拘束されていない場合には刑事手続と並行して退去強制手続が進められることになります。場合によっては，外国人被疑者が刑事裁判を受けることなく退去強制手続により送還されてしまうことになるわけです。

COLUMN　東電OL殺人事件

刑事手続と退去強制手続が競合する可能性があったケースとしては，「東電OL殺人事件」が有名です。

この事件は，東京電力の総合職社員だった女性が1997年3月9日未明，東京都渋谷区円山町にあるアパートで殺害された衝撃的な内容のものでした。ネパール人被疑者が強盗殺人容疑で逮捕され，一審無罪，控訴審での逆転有罪，上告棄却，再審決定を経て，2012 年に無罪判決が確定しています。

第 1 審は，被告人を犯人と認めるには合理的な疑問を差し挟む余地が残るとして無罪判決を言い渡しました（東京地判平成 12 年 4 月 14 日判タ 1029 号 120 頁）。このため，刑訴法 345 条により勾留状の効力は失われましたが，被告人は入国管理局に直ちに収容され，退去強制の手続が進む可能性が生じました。検察官は控訴の申立てをし，併せて勾留状発付を求めました。ここでは，第 1 審が無罪判決を宣告した場合において，勾留状が失効した被告人を控訴審が再勾留しうるか，これを肯定する場合の要件は何かが問題となりました。

控訴審である東京高裁は勾留状を発し，これに対する弁護人の異議申立てを棄却しました（東京高決平成 12 年 5 月 19 日判タ 1032 号 298 頁）。最決平成 12 年 6 月 27 日刑集 54 巻 5 号 461 頁は，「裁判所は，被告人が罪を犯したことを疑うに足りる相当な理由がある場合であって，刑訴法 60 条 1 項各号に定める事由があり，かつ，その必要性があるときは，同条により，職権で被告人を勾留することができ，その時期には特段の制約がない」として控訴裁判所が無罪判決後の被告人を刑訴法 60 条により再勾留することができること，しかも，それは審理の段階を問わず行えることを判示しました。

なお，この事件の被害女性は，東京電力に初の女性総合職として入社した社員でしたが，退勤後に円山町付近の路上で客を勧誘し売春を行っていました。2 つの顔を持つ被害女性の「心の闇」に衝撃を受け，事件から 25 年経過した今も心に深く残っています。ジャーナリスト佐野眞一氏は被告人の冤罪を晴らすべくネパールまで取材に出かけています。同氏の著書『東電 OL 殺人事件』（新潮文庫，2003 年）を再審決定前に読みましたが，事実確認の重要性を強く感じたのを覚えています。

◆事例2

> 日本語学校に留学しているキルギス共和国籍の兄弟（A氏，B氏）が，松本市内に個人経営のキルギスタン料理店（中央アジア・ロシア・ハラル料理）開業を計画しており，C氏がその支援をしています。C氏から，①飲食店開業，②キルギス共和国から料理人（1名又は2名）呼び寄せの手続サポートの依頼をいただきました。3か月後の開業を目指しています。

松本市留学生応援ファミリーの会会長のC氏から，このような依頼をいただきました。この10年ほど前からイスラム圏諸国からの留学生が松本地域でも増えており，在住外国人及び海外からの旅行者のハラル料理に対するニーズは高まっています。開業すれば，松本では初のキルギスタン料理店となります。

(1) 手続の経緯

①飲食店開業，②キルギス共和国からの料理人呼び寄せの手続は以下のような時系列で進みました。

1年前（2015年）までうなぎ料理店として使われていた店舗を賃借し，そのまま店舗として転用する計画です。食品（ピロシキ）の持ち帰りに対応することも検討しました。

依頼をいただいてから2か月半後に開店しました。在留資格認定証明書が交付され，キルギス共和国から料理人を呼び寄せることもできました。店の経営は順調に軌道に乗るかに見えました。

しかし，5か月半後に残念ながら閉店してしまいました。

日　付	内　容
2016年2月1日	A，B，Cの3氏に上記①②の手続の概要を説明。
2月4日	松本保健福祉事務所（松本保健所）で食品営業許可申請の事前相談。 営業施設の共通基準，飲食店の施設基準，調理室の構造・設備，必要な申請書類など。
2月5日	丸の内消防署（松本市）で消防設備の事前相談。 必要な設備は，避難用誘導灯1個及び食堂の消火器1個。
2月9日	①飲食店営業許可申請，②在留資格認定証明書交付申請についてC氏から受任。
2月17日	店舗の平面図をC氏から受領。
2月23日	C氏に税理士事務所を紹介。
3月7日	松本保健福祉事務所でピロシキ持ち帰りの可否などを照会。
3月23日	①店舗外観写真，②厨房平面図，③雇用契約書，④料理メニューをC氏から受領。
3月29日	松本保健福祉事務所の担当官が施設確認検査。
4月9日	「レストラン・アセリァ」で試食会を開催。前菜，ボルシチ，肉料理を試食。 C氏を通して，A氏・B氏の父親D氏に「資金提供証明書」を作成してもらうことを依頼。
4月12日	税務署に「個人事業の開業届出書」を提出。
4月13日	「レストラン・アセリァ」を訪問。在留資格認定証明書交付申請書にC氏の署名をいただく。税務署の申告書を受領。報道各社に取材依頼をFAX送信。
4月14日	東京入管長野出張所に在留資格認定証明書交付申請書を提出。 市民タイムズ及び松本タウン情報の2紙に記事掲載。
4月15日	「レストラン・アセリァ」開店。
4月17日	「レストラン・アセリァ　メニュー等の感想」をC氏に提出。

4月28日	A氏・B氏の父親D氏の「資金援助契約書」をC氏から受領。
4月29日	東京入管長野出張所にD氏の「資金援助契約書」及び日本語訳を郵送。
7月11日	料理人E氏の「調理経験証明書」及び日本語訳をC氏から受領。
7月12日	東京入管就労審査部門に上記「調理経験証明書」及び日本語訳を郵送。
7月22日	東京入管からE氏の在留資格認定証明書を受領。
9月12日	「レストラン・アセリァ」を9月末で閉店する旨の手紙をC氏から受領。
9月30日	「レストラン・アセリァ」閉店。

(2) 申請提出書類一覧

提出書類一覧

（在留資格認定証明書交付申請）

2016年4月14日

東京入国管理局長　殿

申請人　○○○○

1	在留資格認定証明書交付申請書	1通
2	写真（縦4cm×横3cm）	1葉（上記1に貼付）
3	返信用封筒（380円分の切手貼付）	1通
4	パスポート写し	1通
5	翻訳証明書（下記6～14）	1通
6	履歴書，英訳，日本語訳　各	1通
7	履歴書（本人記載，英訳，日本語訳）	各1通
8	出生証明書，英訳，日本語訳	各1通
9	結婚証明書，英訳，日本語訳	各1通
10	戸籍証明書，英訳，日本語訳	各1通
11	履修証書（ドゥシャンベ貿易技術学校），英訳，日本語訳	各1通
12	在職証明書（キルギス共和国），英訳，日本語訳	各1通

13	在職証明書（「カフェ　トゥルキスタン」，英訳，日本語訳	各1通
14	在職証明書（同上），英訳，日本語訳	各1通
15	採用理由書（C氏）	1通
16	雇用契約書	1通
17	事業計画書	1通
18	「レストラン・アセリァ」案内書	1通
19	不動産賃貸借契約書写し	1通
20	食品営業許可指令書写し	1通
21	防火対象物使用開始許可届出書写し	1通
22	資金援助契約書（D氏）	1通
23	残高証明書（C氏）	2通
24	「レストラン・アセリァ」店舗見取図　店内全体及び厨房部分	各1通
25	「レストラン・アセリァ」メニュー	1通
26	「レストラン・アセリァ」店舗写真集	1通
27	「カフェ　トゥルキスタン」におけるE氏写真集	1通
28	店舗看板製作見積書	1通
29	調理師免許証（日本人F氏）写し	1通
30	在職証明書（F氏）	1通
31	松本タウン情報記事	1通

(3) 事業計画書

「レストラン　アセリャ」事業計画書

経営責任者　○○　○○

1　事業内容
業種：飲食業

2　店名
レストラン　アセリャ（RESTAURANT　ASELYA）
：中央アジア・ロシア・ハラル料理（Central Asia・Russia・Halal Cooking）

3　開業趣旨
①　松本地域で初のハラルレストラン開業：中央アジア・ロシア・ハラル料理

を広める

② 日本と中央アジア・ロシア・ハラル食文化圏との緊密な国際交流・友好関係の推進

③ 松本周辺に住むハラル食を必要としている一般の人々，留学生，研修生及び外国籍住民の便宜を図る

④ 中央アジアの心からの「おもてなし」を体験できる場の提供

⑤ 中央アジア飲食ビジネスの日本全国への普及

○ 開業の目的・動機

・私は，松本地域に住む留学生の支援活動を27年間行ってきました。10年ほど前からイスラム圏諸国からの留学生が次第に増え，近年は松本周辺を訪れるマレーシア，インドネシア等の旅行者が急増しています。そのような折，留学生等がさまざまな面で不自由や困ったことに直面している場面をしばしば目にしてきました。特に食事に関しては切実です。魚は大丈夫だが肉類はハラルの物でなければ食べられない等の食文化を持った人々が数多くいます。しかし，ハラルの料理は松本地域では提供されていません。このような現実に私は心を痛め，何とか対処しなければならないと考えてきました。

・キルギス共和国からの留学生たちは，中央アジアの料理を日本で広めたいとの思いをかねてから私に語っていました。日本では全く食べられていないとはいえ，実は日本の料理のルーツのような美味しい料理も数多くあります。このような中央アジアの料理を日本国内で広く知ってもらいたいという願いを私も彼らと共有してきました。

・以下のような好条件も揃い，開業を決意いたしました。

① JR松本駅から徒歩7分の場所に，開業に好都合なレストランを見つけられたこと

② キルギス共和国から松本に留学している○○○○・○○○・○○○○○は私の友人ですが彼の父○○○○○・○○○○○○が開業資金のほぼ全額を無利息で出資してくれること

③ 松本地域で初の中央アジア・ロシア・ハラル料理店であること。そのため，大勢の顧客が見込めること

④ 松本周辺に住む多くのイスラム教信者の支援があること

⑤ 私の友人であり，中央アジア・ハラル料理に精通している調理師の○○○○が，「レストランアセリャ」の料理人を務めてくれることになり，同人の全面的な協力が得られること

4 必要資金

・設立資金（設備契約・講習諸手続の準備金等）　300万円
・設備資金　300万円
：レストランとして借用する建物には，厨房設備，接客設備等がほぼ揃っているため，レジ機器，TV，食器類等の出費にとどまる。
・運転資金（当面の商品仕入れ，経費支払い，賃金等）　600万円

5　資金（調達）総計　1,200万円
・自己資金　200万円
・借用資金（○○○○○・○○○○○○からの借用）1,000万円

6　収支計画（開業後の見通し）
（1）売上高（収入）　1,300,000円/月
①　客数25人/日×1,200円×26日＝780,000円
②　宴会パーティー：月8回×10人×5,000円＝400,000円
③　イベント（中央アジア・ロシア・ハラル料理の定期講習会，神社の祭典への出店等）：月120,000円

（2）経費　1,300,000円/月
①　人件費
調理師：150,000円/人・月
従業員：150,000円/人・月
アルバイト4名：307,200円/月
（時給800円×6時間×16日＝76,800円/人・月）
②　家賃　200,000円/月
③　仕入　500,000円/月

7　取引業者
・ABC　MART（エービーシーブラジルマート）
・酒屋：大月商店
・西友スーパー　ほか

8　料理内容（中央アジア・ロシア・ハラル料理）
別紙メニュー　参照

9　対象顧客
・一般市民

・中央アジア・ロシア・ハラル料理を常食としている人々
・ハラル料理に興味のある人々
・イスラム圏からの留学生・研修生
・松本を訪れる旅行者
・外国人を雇用している企業等
・大学・専門学校関係者
・関係者の友人

10　広告・宣伝方法
・チラシ（3～4種）配布：店内にも常置
・新聞広告
・報道機関に取材を依頼
・大学・専門学校などへのPR
・食品関係雑誌への投稿
・関係する企業等へのアピール
・ハラル料理の講習会，交流会を兼ねた試食会開催

11　組織（個人事業）
・経営責任者：○○　○○
・経営副責任者：○○○○・○○○・○○○○○（○○○○・○○○・○○○○○）
・責任者補助：○○○○○○・○○○・○○○（○○○○○○・○○○・○○○）
・料理人：○○　○○
・従業員：○○　○○
・アルバイト（留学生を含む数名）

12　取引銀行
○　銀行口座
ゆうちょ銀行KK
NO. ○○○○○○○○○
○　受取人口座名義
○○○○
○受取人住所（Address）：〒○○○－○○○○
長野県○○○郡○○町○○　○○○○－○○○番地
○氏名：○○　○○（○○　○○）

○ TEL・FAX：○○○○－○○－○○○○
○ Mobile：○○○－○○○○－○○○○
○ Mail：○○○．○○○＠○○○．○○.jp

（4）飲食店開業に必要な手続

飲食店開業では，保健福祉事務所や消防署への届出手続も必要になります。依頼者C氏に以下の「飲食店開業に必要な手続」を説明しました。

飲食店開業に必要な手続

届出先	届出	対象	届出時期
松本保健福祉事務所	食品営業許可申請（食品衛生責任者の講習会を受講）		営業開始の10日前まで
丸ノ内消防署	防火管理者選任届（甲種防火管理新規講習を受講。2月24・25日，松本市双葉の市総合社会福祉センターで講習会，6,000円）	収容人数が30人を超える店舗	営業開始まで
	防火対象物設備使用開始届	建物や建物の一部を新たに使用し始める場合	使用開始7日前まで
松本税務署	個人事業の開業等届出書	個人で開業する場合	開業日から1か月以内
労働基準監督署	労災保険の加入手続	従業員を雇う場合	雇用日の翌日から10日以内
公共職業安定所	雇用保険の加入手続	従業員を雇う場合	雇用日の翌日から10日以内
社会保険事務所	社会保険の加入手続	法人の場合は強制加入個人の場合は任意	できるだけ速やかに

(5) 採用理由書

「レストラン　アセリャ」における料理人E氏の採用理由書は以下のとおりです。

平成28年4月1日

東京入国管理局長　殿

「レストラン　アセリャ」経営責任者
○○　○○

採　用　理　由　書

キルギス共和国・オシュ市在住の調理師○○○○○○（○○○○○○）を招へいし，同人をキルギスタン料理店（中央アジア・ロシア・ハラル料理店）「レストラン　アセリャ（RESTAURANT ASELYA）」の調理師として採用する理由を以下でご説明いたします。

記

私は，松本市留学生応援ファミリーの会の会長を務めております。この会の活動を通して27年間，松本地域に住む留学生の支援を行ってまいりました。10年ほど前からイスラム圏諸国からの留学生が次第に増え，近年は台湾や香港をはじめマレーシア，インドネシア等アジア圏からの旅行者も急増しています。そのようななかで，日本での生活において，留学生等がさまざまな不自由や困難に直面している姿をしばしば目にしてきました。

現在，私はキルギス共和国から来日した留学生をサポートしています。○○○○○○（○○○○○），○○○○○○（○○○○○）の兄弟です。彼らは，中央アジアの料理を日本の皆さんに味わってもらい，日本国内でこれを普及させたいという願いをかねてから持っていました。日本の料理のルーツとも思える，知られざる美味が数多くあることを私はこの兄弟から教えてもらいました。

しかしながら，留学生の兄弟2人の力だけではこの構想を実現することは困難です。そこで私は2人の夢を支援することを決意いたしました。幸いにも，キルギスタン料理店の開業へ向けて，以下の好条件が揃いました。

① JR松本駅から徒歩7分の場所に，うなぎ料理店として以前営業していた店舗がそのまま残っており，そこを借りることができること。

② 兄弟の実家が資産家であり，資金面で全面的なサポートを約束してくれたこと。
③ 松本では初のキルギスタン料理店であり，多数の顧客の来店が見込めること。
④ ハラル料理を提供することから，松本周辺に住むイスラム教を信じる多数の人々の支援が期待できること。
⑤ 私の友人の日本人調理師・○○○○を当店料理人の一人として招くことができたこと。
彼は日本料理，西洋料理の双方の調理に秀でているほか，キルギスの代表的な料理をはじめ中央アジアの料理をお客様に提供する技能を持ち合わせています。

以上のような経緯で，今年4月にキルギスタン料理店「レストラン　アセリャ」を松本に開店する運びとなりました。

しかしながら，以下のような悩みや願いがさらに芽生えてきました。
① ロシア，トルコ料理等の類似の料理店が存在するため，いかにして差別化を図るか。
国が違えば食材や調味料等に差異があるため，当店ならではの本場キルギスの味をPRすることによって，多くの皆さんに当店を知っていただきたいと考えています。
② 多様なお客様のニーズに応えるにはどうすればよいか。
この点は，メニューの種類を増やすことで対応できると思います。

留学生の兄弟の父親○○○○○○（○○○○○）に相談したところ，○○○○○家の専属コックでキルギス共和国・オシュ市のカフェレストラン「トゥルキスタン（Turkistan）」において料理人として勤務していた○○○○○○（○○○○○）を日本に派遣することを承諾してくれました。

○○○○○○（○○○○○）は，タジキスタン共和国の貿易技術学校を1993年に卒業しています。オシュ市で調理師免許を取得し，ウズベキスタン共和国，ロシア，キルギス共和国等で通算15年間，レストランの料理人を務めました。5年前からは，○○○○○家の専属コックとしても働いています。

このような優秀な調理師を当レストランに招へいし，料理人としての腕を発揮してもらうことで，キルギスの本場料理を松本で提供したいと考えています。また，当レストランが日本人ほかさまざまな国籍の皆さんの人的交流の場となり，松本地域の発展，ひいては日本の国際交流，多文化共生に貢献できるのではないかと期待しております。

なお，〇〇〇〇〇〇の招へいが実現した暁には，同人の日本語教育，日常生活及び就労のサポートについては私が全責任を持って取り組むことを，ここにお誓い致します。

以上が〇〇〇〇〇〇の招へい，及び当店での採用の理由です。何卒ご高配を賜りますようお願い申し上げます。

以　上

(6) 雇用契約書

「レストラン　アセリャ」店長C氏と料理人E氏の「雇用契約書」は以下のとおりです。

雇用契約書

〇〇〇〇（以下「甲」という）と，〇〇〇〇（以下「乙」という）とは，以下のとおり雇用契約を締結する。

第1条（目的）
甲は，乙を本契約に基づく労働条件で雇用し，乙は，甲の指揮に従い誠実に勤務することを約した。

第2条（雇用期間）
雇用期間は，平成28年の乙が来日した日の翌日から5年間とする。

第3条（就業場所及び従事する業務）
就業場所：長野県松本市深志2丁目6番14号
従事する業務：調理師

第4条（就業時間及び休憩時間）

就業時間及び休憩時間は，早番及び遅番に分けて定める。早番及び遅番は，休日をはさんで1週間ごとに交代する。ただし，甲は必要があるときに，乙に対して所定時間外労働を命じることができる。

(1) 早番

始業：10時00分

終業：20時00分

休憩：13時30分から17時00分まで

(2) 遅番

始業：11時00分

終業：23時00分

休憩：14時30分から20時00分

第5条（休日）

乙の休日は次のとおりとする。ただし，業務上その他の都合により必要がある場合，甲は，乙の休日に乙を臨時就業させることができる。この場合，あらかじめ2週間以内に振替休日を指定する。振替休日が与えられないときは休日出勤とする。

① 毎週火曜日

② 年末年始の3日間

第6条（休暇）

1 甲は，乙の雇入れの日から起算して6か月間継続して勤務し，全労働日の8割以上出勤した場合，10日の有給休暇を与える。

2 甲は，乙が1年6か月以上継続勤務した場合，雇入れの日から起算して6か月を超えて継続勤する日から起算した継続勤務年数1年ごとに，前項の日数に下記の表の労働日を加算した有給休暇を与える。

6カ月経過日から起算した継続勤務年数	労働日
1年	1労働日
2年	2労働日
3年	4労働日
4年	6労働日

3 前2項の休暇は4月1日以降の1年間に実施する。業務の関係でこの期間に

実施できなかった場合は，翌年に限り持ち越すことができる。
4　休暇を受けようとするときは，3日前に甲に申し出るものとする。甲は，請求された時季に有給休暇を与えることが業務の正常な運営を妨げる場合においては，他の時季に変更させることがある。
5　乙が病気で欠勤した場合，又は甲が特に承認した場合に限り，本人の申請に基づき，欠勤を年次有給休暇に振り替えることができる。

第7条（賃金）
乙の賃金は月給17万2,800円とする。

第8条（昇給）
乙の賃金は，1年ごとに1万円を前条の賃金に上乗せする。

第9条（賃金の支給日等）
1　賃金は通貨でその全額を乙本人に直接支払う。ただし，乙の同意があった場合は，乙の指定の口座に振り込む。
2　賃金は，毎月15日締めの25日支払いとする。ただし，支払日が日曜日のときは前々日，土曜日のときは前日の支払いとする。支払日が月曜日で振替休日に当たるときは，前週の金曜日支払いとする。また，支払日がこれらいずれにも該当しない日で祝日及び銀行休日に当たるときは，その前日払いとする。
3　乙又はその扶養家族が結婚，出産，葬儀，疾病，災害等の場合又はやむを得ない事由により1週間以上にわたり帰郷する場合，乙の申し出があったときは支払い期日前でも既往の勤務に対する賃金を前渡しする。

第10条（退職，解雇）
1　乙が次の各号のいずれかに当たるときは，退職又は解雇とする。
(1) 死亡したとき
(2) 退職を申し出て甲が承認したとき
(3) 在留期間の更新が認められなかったとき
(4) 退去強制事由に該当するとき
(5) 病気により，又は精神上もしくは肉体上，職務を遂行できなくなり，将来も回復の可能性がないと，甲が判断したとき
(6) 勤務態度が著しく悪く，向上の見込みがないとき
2　甲は，乙を解雇しようとする場合，30日前に予告するか，又は30日分の賃金を支払って解雇する。ただし，天災事変その他やむを得ない事由，又は本

人の責めに帰すべき事由について行政官庁の認定を得た場合はこの限りでない。

第11条（退職金）

1　退職金は，1か月の月給に下記の表の支給率を乗じた額とする。

勤続年数	支給率
1	0.6
2	1.2
3	1.8
4	2.4
5	3.0

2　勤続年数が1年に満たない場合は月割で計算し，1か月に満たない場合は15日以下は切り捨て，16日以上は切り上げる。

3　懲戒解雇した場合には退職金は支払わない。また，懲戒解雇相当の事由があった場合には，他の形式で退職したときでも退職金を減額し，又は支払わない。

4　退職金の支払いは，請求のあった日から1週間以内とする。

5　死亡の場合，退職金を受け取ることができる遺族の範囲及び順位は，乙の死亡時における配偶者（内縁関係の者を含む），子，養父母，実父母，孫，祖父母及び兄弟姉妹とする。ただし，あらかじめ乙から受取人につき申し出のあった場合は，この限りではない。

第12条（誠実の義務）

1　乙は，甲の定める諸規定に従い，甲の指揮監督のもと誠実に職務に従事するものとする。

2　甲は，乙の人格を重んじ互いに協力してその職務を遂行するものとする。

第13条（その他）

雇用保険等その他に関することは，甲乙が協議のうえ，これを定める。

以上，本契約の成立を証するため，本書3通を作成し，甲乙各記名のうえ，各1通を保有する。

1通は東京入国管理局長に提出する。

平成　　年　　月　　日

甲（住所）

（名称）

乙（住所）

（名称）

(7) 取材依頼書

報道機関各社（新聞社，放送局）に以下の取材依頼書をFAX送信しました。

市民タイムズ及び松本タウン情報の地元紙2紙が取材に訪れ，記事が掲載されました。

取　材　依　頼

平成28年4月13日

報道機関各社　様

「レストラン　アセリャ」経営責任者

○○　○○

謹啓　時下ますますご清栄のこととお慶び申し上げます。

さて，このたび松本市深志2丁目に中央アジア・ロシア・ハラル料理「レストラン　アセリャ」を開業する運びとなりました。

当店は，松本地域で初のハラル料理店であり，キルギス共和国から料理人を招へいする準備を進めております。キルギスの本場の味を楽しめるレストランは全国でも珍しいのではないかと思います。

場所はJR松本駅から徒歩7分，深志神社の参道沿いにあります。

オープンは4月15日（金）午前11時です。

つきましては，取材にお越しいただきたくお願い申し上げます。ご多用中恐縮ですが，何卒よろしくお願い致します。

記

レストラン　アセリャ　開業

1	開業日時	平成28年4月15日　11：00
2	場　所	松本市深志2丁目6番14号
3	営業時間	11：00〜15：00，17：00〜21：00
4	定休日	毎週火曜日，年末年始の3日間
5	連絡先	レストラン　アセリャ（電話0263—○○—○○○○） ○○　○○（携帯○○○—○○○○—○○○○）

謹白

「レストラン　アセリャ」のメニュー

(8)「レストラン　アセリャ」メニュー等の感想

「レストラン　アセリャ」の料理を2016年4月9日，試食会で小学生（当時）の息子と一緒にいただき，店長から感想を求められました。

以下は，開店2日後の同年4月17日に店長に提出した感想文です。

「レストラン　アセリャ」メニュー等の感想

岡田行政書士事務所
特定行政書士　岡田　忠興

1　各料理について

(1) オリヴィエ・サラダ
今までに味わったことのないサラダであり，超絶品だと感じました。感動しました。息子も同様の感想です。9日の試食会でいただいた量は，コース料理の場合は若干重いかもしれません。

(2) ボルシチ
赤カブとヨーグルトがまろやかに合わさり，美味です。入っている牛肉が少ないのが気になりましたが。酸味については好みが分かれるでしょう。

(3) ピロシキ
15日のランチセットでは，冷めていて固く，ナイフでもなかなか切れませんでした。翌日のランチセットのものは温かく，固いという感じではありませんでした。同じピロシキとは思えないほどの違いでした。やはり温かいピロシキを食べたいものです。

(4) 牛肉を詰めた餃子様の料理
9日の試食会でいただきました。スパイシーで肉にクセがありました。私は辛いものは全くダメですので，残念ですがお断りです。息子も，肉にクセが強く苦手だと言っていました。

(5) パンケーキ
おいしくいただくには温かくないと，と思いました。まろやかなクリームが美味でした。

(6) ロシア紅茶
今までいただいたロシア紅茶にはジャムが入っていたので，意外な感じがしました。しかし，キルギスで飲んでいるものであれば，そのままの方がよいと思います。

2 ランチについて

15日にハンバーグ，16日にボルシチをいただきました。いずれも私にとっては量が少なく，物足りなかったです。16日にはボルシチを追加で1個注文しましたが，それでも腹が満たされない感じでした。

16日には，追加のボルシチは1個100円に設定され，追加注文しやすくなりました。

3 その他

- お店は参道を通っても見えないので，看板をさらにわかりやすい場所に置くか，電柱広告を出した方がよいのではないかと思います。
- カウンター席は，目の前が白い壁だけだと気が滅入ってきます。
- 伝票をテーブルに置く際には，裏にして金額が見えないようにした方がよいです。
- レジの机には，お店のチラシ等を置いてPRすべきです。次回の来店を考えているお客さんは，営業時間や休業日を知りたいはずです。
- 「中央アジア・ロシア・ハラル料理」という表記は，正確だと思いますがインパクトに欠けます。私は自分のフェイスブックで貴店の紹介をしましたが，その際は「キルギスの料理店」と書きました。「キルギス」に惹かれて県外の友人数人から「是非行きたい」というメッセージをもらっています。
- 私が貴店の紹介をした友人から，「駐車場は車何台とめられるの？」と質問されました。

以上

(9) C氏からの手紙

C氏から2016年9月12日,「レストラン　アセリャ」を9月末で閉店する旨の手紙をいただきました。料理がおいしく，私も時間を見つけては伺っていたのですが，閉店はとても残念です。

前略
岡田様

日々たいへんお忙しいかと思います。メールありがとうございました。

レストラン　アセリャが，9月末をもちまして閉店することになりました。7月末のことですが，資金提供者の○○○○○○君より，「もうこれ以上の出資は出来ないので，店を9月末で終わりにしたい！」ということを聞きました。（寝耳に水のごとしでしたが）実情は，私はなんとか頑張れば継続可能と思っていましたが，（コックさんのビザも取れたということも継続できると思っていました。実は，コックさんを日本に再び呼びよせるには，旅費，給料その他で，かなりの額の費用がかかることを知りました。それに加え，借用料月20万円，食材，人をやとわなくてはいけませんので，4月，5月はなんとかなりましたが，6，7月と日を重ねるに，苦しくなってきました。

火の車の状態で，○○○○○○君も父に相談したようです。

イズラムの学生，旅行者，研修生等，かなりの数の人が来てくれました。イスラム研究会の方々，支援してくれる私の友人達，ブログを見てわざわざ訪ねて来てくれる人達。この人達のレストラン　アセリャができて，本当に良かったと言われ，私も，やりがい，そして頑張るぞという気持ちでした。

しかし，私は1円も資本を出しておりませんので，何も言えませんでした。なんとかつなぎとめようと考えましたが，無いそではふれませんから，（私がもっと資金を持っていれば……と実感しましたが）この決定に従わざるを得ませんでした。

レストラン　アセリャは，ひとまずクローズです。

ここまでやってきて，学ばせてもらったこと，この経験はすごく自信につながりました。

今後ですが，これだけのイスラム，ハラル料理への期待，必要，ニーズがありますので，なんとか再出発（他の場所にて，イスラムのお祈りの場も合わせたレストラン）を考えております。

ハラルの料理を食する場の必要性，大勢の支援者の人がいること，イスラムの文化，考え方を理解する場の提供，押し寄せるイスラム圏からの旅行者に必要な食事を提供すること，お祈りの場を是非もうけること，等々。

アセリァは閉店ですが，右のような理由で，今後必ずこの願いを達成させたいと考えております。現時点はこのようですので，岡田さんと直接会って話したいと思っていたことです。

これからどうするか，少し時間をかけて進んでいきたいと考えております。

まだまだ話したいことがありますので（岡田さんから聞きたいこと），来月になりましたら機会を取ってほしいです。

（私事ですが，今月18日より30日まで家族3人でドイツ・オーストリア旅行に行きます。50年来のドイツの友人が招待してくれました。）

何かまずい文章で言いたいことも不充分な手紙ですが，おゆるしください。

日々健康で益々御活躍ください。

〇〇より

（乱筆おゆるしください）

（岡田さんの御厚情感謝しております）

（この手紙については，C氏から掲載の許可をいただいています）

第５章

渉外相続

第１節　はじめに

国際関係の法律には，大きく分けて国際法（国際公法）と国際私法があります。

国際法は，条約や国際慣習法など主に国家間の関係を規律する法です。国家間のみならず，今日では国際組織や個人についても規律する規則の総体が国際法です。

これに対して国際私法は，「国際」という名は付いていますが，国内法の一部であり民事法に位置づけられます。日本では「法の適用に関する通則法」がその代表的な法律です。国際結婚や国際養子縁組，そして本章で取り上げる渉外相続などを扱うのが国際私法になります。グローバル化が進むなかで，当事者の国籍・住所，目的物の所在地等が複数の国に関係するケースが生じるようになりました。このように法律関係を構成する諸要素が複数の国に関係を持つようなものを「渉外的法律関係」といいます。そして，渉外的法律関係を規律するのが「国際私法」という法分野です。

渉外的法律関係は「婚姻」「親子」「不法行為」などさまざまな領域に分かれますが，そのなかのひとつが「渉外相続」です。「渉外相続」とは，被相続人又は相続人が外国人である場合の相続をいいます。ただ，厳密には法律用語ではなく，国際私法のテキストにも渉外相続の定義の記載はありません。

本書では，渉外相続を「被相続人又は相続人が外国籍であり，当該外国人が日本に最後の住所又は居所，最密接関係地を有する場合の相続」と定義することにします。

本章で説明する国際私法概論，渉外相続実務の詳細については，拙著『行政書士　渉外相続業務　「外国法調査・手続」と「国際私法の基礎」』をご参照ください。

第２節 国際私法概論

1　国際私法とは

まず，次のような事例について考えてみましょう。

> 私の夫は英国人（永住者）で，長野県〇〇市内で一緒に暮らしていましたが，先日，70 歳で急死しました。夫は，封印のある自筆証書遺言書を自宅に残しています。夫の両親はすでに死亡し，親族はカナダ在住の弟１人です。子供はいません。現在居住している家と土地は，夫と私の共有名義になっています。夫の預貯金そのほかの資産はほとんどなく，負債など消極財産もありません。夫は生前，すべての財産を私に相続させたいと話していました。夫の弟も，相続を放棄すると言っています。今後の相続手続はどうすればよいでしょうか。

この事例のように日本在住の英国人が死亡した場合，遺言・相続に適用されるのは日本法（民法等）か，それとも被相続人の本国法（英国法）であるのかが問題となります。

また，自筆証書遺言の内容を執行するための準備手続として，家庭裁判所において遺言書の検認を受ける必要があります。その場合に日本の家庭裁判所に検認の申立てができるのか，すなわち日本の裁判所に遺言書検認の国際的裁判管轄権があるのかが問題となります。

前述のとおり，当事者の国籍・住所，目的物の所在地などの法律関係を構成する諸要素が複数の国に関係を持つようなものを渉外的法律関係といい，渉外的法律関係を規律する法が国際私法です。

国際私法は権利義務や法律関係を直接に規律する法ではなく，いずれかの法域の法を指定することによって間接にこれを規律する法（間接規範）です。たとえ話で説明すると，次のようになります。

【高層ビル「日本の国際私法」】

> 「日本の国際私法」という看板を掲げた高層ビルが東京・霞ヶ関にあるとします。このビルの各階には，「日本（法）」「英国（法）」「インド（法）」「ニューヨーク州（法）」などと書かれた会議室が多数あります。ビルに入ると，1階の受付に法典が用意されています。この法典には代表的なケース，たとえば婚姻，養子縁組，相続ごとに，問題となっている国・地域との組み合わせでそれぞれ何階のどの会議室に行けばよいのか，案内が書かれています。まずはこの法典を見て，自分はどの部屋に行ったらよいのかを確認します。そして指示された会議室に足を運びます。ドアを開けると，目の前にはジャングルが現れたり，雪原が広がっていたり，あるいは摩天楼が林立する都会の喧騒が迫ってくるなど，その部屋ごとに異なる景色が展開しているのです。そして各部屋には，その国または地域の法規範が置いてあります。ある部屋では，入ってすぐのところに掲示板があり，「この部屋にはお入りにならず，○階の『日本（法）』の部屋に行ってください」と書かれた紙が貼ってあります（これは，後述する「反致」のケースです)。その場合は，「日本（法）」の部屋に移動して，部屋に置かれた日本の民法典等を調べてみることになります。

（出典：岡田忠興『行政書士　渉外相続業務「外国法調査・手続」と「国際私法の基礎」』12頁）

このように，各部屋に収められている民法典や商法典などは，問題の解決に直結する法規範であり，直接規範又は実質法と呼ばれています。一方，ビル1階の受付に用意されていた法典は，進むべき部屋を指示するだけのものでした。このような法典は問題の解決に間接に役立つだけですので，間接規範又は抵触法といわれているのです。

【日本の国際私法の法源（準拠法決定ルール)】

日本には「国際私法」という名の法律は存在しません。国際私法の法源（法が存在する形式）は一般的に，制定法，判例法，学説，条理（社会通念など，法の欠缺を補う解釈上・裁判上の基準）とされています。このうち制定法は主に次の3つです。

> ・法の適用に関する通則法（以下「通則法」といいます）
> ・遺言の方式の準拠法に関する法律

・扶養義務の準拠法に関する法律

2 4つの段階

国際私法は，準拠法の決定・適用を以下の4つのプロセスに分けて行っています。

① 法律関係の性質決定
② 連結点の確定
③ 準拠法の特定
④ 準拠法の適用

(1) 法律関係の性質決定

まず第一段階として，私たちの生活関係をいくつかの「単位法律関係」に分解します。単位法律関係とは，同じ方法により準拠法を定める法律問題のグループをいいます。たとえば，「親子間の法律関係」(通則法32条)，「相続」(36条)，「遺言」(37条) などです。

国際私法は，すべての私法上の問題を単位法律関係に切り分け，それぞれについて準拠法となる法をモザイクのように張り合わせて問題を解決する仕組みになっています。

(2) 連結点の確定

第二段階として，単位法律関係ごとにそれと最も密接な関係にある地の法を選び出すための媒介となる要素が定められます。これを「連結点」といいます。本国，行為地，目的物所在地，最密接関係地などがこれにあたります。

(3) 準拠法の特定

第三段階として，準拠法の特定がなされます。連結点が確定すれば，通常は準拠法は特定されますが，たとえば，①本国法によるとされている場合であっても，その本国がアメリカのような地域的不統一法国であるときや，②準拠法所属国の国際私法規定によればどの国の法律が準拠法となるかを考慮することとされている場合（反致）などには，第二段階まででではまだ準拠法が特定されていません。そのため，準拠法の特定が必要となります。

(4) 準拠法の適用

最後に第四段階として，準拠法が適用されます。外国法が準拠法である場合は特に，①準拠法の内容の確定，②内容が不明の場合の処理，③外国法の適用結果が国内の公の秩序又は善良の風俗の維持の観点から受け入れがたい場合の処理などが必要になります。

このように準拠法の内容は，準拠法の適用段階に至ってはじめて知ることになります。これは「暗闇への跳躍」ともいわれています。「暗闇への跳躍」という比喩を前述の〈高層ビル「日本の国際私法」〉の例でいえば，指示されたドアを開けるまでは部屋の内部（準拠法の内容）がどんな世界なのかは想像できず，そこはまさに「ブラックボックス」です。その部屋に入ることは，案内されたゲストにとってはいわば「暗闇」に飛び込むようなものであり，「暗闇への跳躍」と表現するにふさわしい作業にほかならないのです。

【例】

「単位法律関係→連結点→相続の準拠法」の流れを，通則法36条，37条1項に則して分析的に検討すると次のようになります。

通則法36条　相続は，被相続人の本国法による。

① 単位法律関係：「相続」

② 連結点：「被相続人の本国」

③ 相続の準拠法：「被相続人の本国法」

通則法37条1項　遺言の成立及び効力は，その成立の当時における遺言者の本国法による。

① 単位法律関係：「遺言の成立及び効力」

② 連結点：「その成立の当時における遺言者の本国」

③ 相続の準拠法：「その成立の当時における遺言者の本国法」

3　相続の準拠法

(1) 清算主義と包括承継主義

各国の法制度の間の最大の相違は，相続人への相続財産の移転に関する清算主義と包括承継主義の対立です。

清算主義とは，英米法系の国々で採用されている法制度です。人の死亡により，死者の有していた権利義務が遺産管理人に帰属し，そこでまず財産関係の清算が行われ，プラスの遺産が残ればその相続人への移転が認められますが，マイナスになる場合には債権者に割合的な弁済が行われ，相続人が債務を承継することはないというものです。清算主義を採っている国では，遺産分割制度，相続放棄，限定承認などの制度は存在しません。

これに対して包括承継主義とは，日本を含めて大陸法系の国々でとられている制度で，原則として清算を行うことなく，死者に帰属していた権利義務が死亡と同時に相続人に包括承継されるとする考え方です。このため，包括承継主義をとる日本では，清算主義を採用する外国法を適用する際にさまざまな困難が生じることになります。

(2) 相続統一主義と相続分割主義

相続に関する国際私法については，古くから相続統一主義と相続分割主義の対立があります。

相続統一主義とは，日本法のように，相続財産のすべてが被相続人の本国法又は住所地法に従って統一的に規律されるとする考え方です。

これに対して相続分割主義とは，英米及びフランス等の一部大陸法諸国のように，不動産についてはその所在地法を適用し，動産については被相続人の住所地法又は本国法を適用するという考え方です。

英米においては，清算主義によっているので，遺産の清算管理と残余財産の分配移転（相続）とは別個の手続になります。相続分割主義がとられているのは後者のみであって，遺産の管理清算については，動産，不動産を問わず遺産管理地（所在地）法を適用することとされています。

【諸外国の立法例（小出邦夫編著『一問一答　新しい国際私法』（商事法務，2006年）150頁）】

（1）**相続統一主義**：ドイツ民法施行法25条1項，オーストリア国際私法28条1項，イタリア国際私法46条1項，スペイン民法9条8項，ポルトガル民法62条

（2）**相続分割主義**：英米法系諸国，フランス（判例・通説），ベルギー国際私法78条，ルクセンブルク（判例），ルーマニア国際私法66条，中華人民共和国継承法36条，カナダ・ケベック州民法3098条1項

清算主義と包括承継主義，相続統一主義と相続分割主義の組み合わせを表にまとめると，次のようになります。

	相続統一主義	相続分割主義
清算主義		英米法系諸国
包括承継主義	日本，韓国，ドイツ，オーストリア，イタリア，スペイン，ポルトガル等	フランス，中国等

COLUMN　英米法系と大陸法系

世界には大きく2つの法体系があります。英国や米国等で採用されている「英米法系」と，ドイツやフランス等がとる「大陸法系」です。日本は基本的には大陸法系ですが，英米法系の影響も受けています。

英米法系と大陸法系は，以下のような違いがあります。

（1）英米法系

判例を第一次的法源とする判例法主義をとります。紛争の解決にあたっては，まず判例がないかを探し，判例に従った判断をします。判例法は大量で複雑なため，これをわかりやすい形に整理したものが制定法です。歴史的には，ゲルマン法に由来する伝統的な法体制を維持してきたものです。

(2) 大陸法系

議会等がつくる制定法を第一次的法源とする成文法主義をとります。判例は成文法を補充する形で働きます。歴史的には，ローマ法の影響のもとで形成されてきました。

なお，判例法主義は具体性と成長可能性において優れていますが，成文法主義は法の明確性と安定性にメリットがあります。

第3節　渉外相続に関する事例の検討

私は数年前，次のような相続業務の依頼を受けました。【ケース1】は前節の冒頭で取り上げた事例です。

Case 01

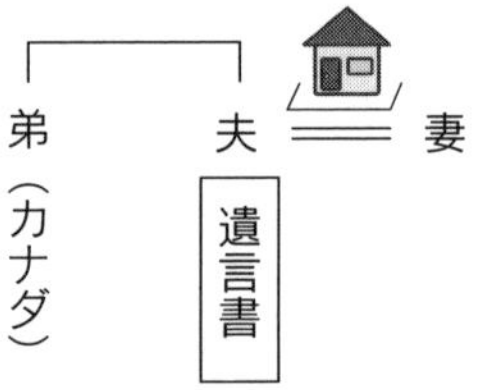

私の夫は英国人（永住者）で，長野県内で一緒に暮らしていましたが，先日，70歳で急死しました。夫は，封印のある自筆証書遺言書を自宅に残しています。夫の両親はすでに死亡し，親族はカナダ在住の弟1人だけです。私たち夫婦に子どもはいません。現在居住している家と土地は，夫と私の共有名義になっています。夫の預貯金そのほかの資産はほとんどなく，借金などの消極財産もありません。夫は生前，すべての財産を私に相続させたいと話していました。夫の弟も，相続を放棄すると言っています。今後の相続手続はどうすればよいでしょうか。

Case 02

亡くなった夫は，私と結婚する前にカナダに居住し，同国で働いていました。結婚して長野県内で同居している間は，カナダ政府から毎月，夫宛てに年金が小切手で届いていました。夫が亡くなったので，この年金の受給を断りたいです。また今後，私がカナダ政府から遺族年金をもらえるのであれば，受給したいと考えています。これらの手続について，教えてください。

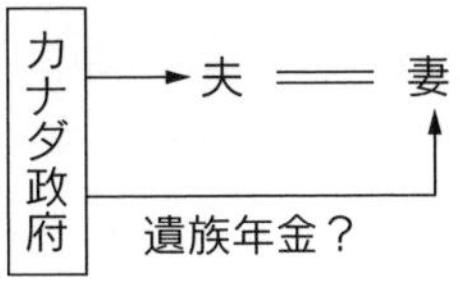

このような相談・依頼を受けたときには，【ケース 1】については次のようなプロセスで検討し処理することになります。

(1) 相続財産の確認

(2) 遺言書検認の裁判管轄権（国際裁判管轄）

① 遺言書検認の裁判管轄権が長野家庭裁判所○○支部にあることを立証する書面を提出するよう，依頼者が同支部から求められる。

② 通則法 37 条 1 項，同法 41 条（反致）の検討。

③ 駐日英国大使館，法律事務所等への照会。

④ 渉外法務実務書の参照（第一東京弁護士会人権擁護委員会国際人権部会編『外国人の法律相談 Q&A〔第四次改訂版〕』（ぎょうせい，2019 年））
：遺言者が日本に最後の住所を有していた場合には，日本の裁判所に遺言書検認の国際的裁判管轄権が認められるのが実務での原則的扱い。

⑤ 依頼者が長野家庭裁判所○○支部に上申書「遺言書検認の裁判管轄権について」を提出。

(3) 遺言書検認の準拠法の決定

① 法律関係の性質決定：相続

② 連結点の確定：被相続人の本国（通則法36条）＝英国

③ 準拠法の特定：被相続人の本国法（同条）＝英国法

④ 準拠法の適用：準拠法の内容の確定。依頼者が長野家庭裁判所○○支部に上申書「イギリスの相続法について」提出。

⑤ 渉外法務実務書の記載（前掲『外国人の法律相談Q&A〔第四次改訂版〕』）

：「外国人の遺言書の検認について，その要否，効果を決するには，法廷地国である日本法によるものと考えられます」

⑥ 長野家庭裁判所○○支部から依頼者が以下の書類2点の提出を求められる。

（ i ）被相続人とその弟の続柄を証明する書類

（ii）被相続人の配偶者及び弟のほかに相続人がいないことの証明書

⑦ 駐日英国大使館（東京）において被相続人の弟が宣誓供述。上記⑥を証明する宣誓供述書 （Affidavit）を同大使館が作成。

⑧ 依頼者が長野家庭裁判所○○支部に宣誓供述書及び日本語訳文を提出。

⑨ 日本法の適用：検認の申立て（民法1004条1項）

▼

家裁が関係者に検認期日呼出状を送付

▼

検認の審判

▼

検認調書の作成

▼

（ i ）家裁が申立人に対して，検認済証明書を付した遺言書を返還

（ii）検認に立ち会わなかった相続人等利害関係人に対しては，遺言を検認した旨を通知

(4) 相続手続の経緯

実際の手続は以下のような時系列で進みました。

ケース１

日　付	内　容
20□□年４月29日	○○在住の英国人男性（永住者）が死亡。
	長野家庭裁判所○○支部（以下「家裁」という）が，上記男性の日本人配偶者に対し，「英国人死亡の場合の遺言書の扱いについて，翻訳文を付けた説明文書を提出してほしい」と求める。
５月28日	上記配偶者から相続業務を受任。
６月４日	家裁で遺言書検認手続の打合せ。依頼者に同行。 ・家裁から提出を求められていた上申書２通（①遺言書検認の裁判管轄権について，②イギリスの相続法について）を作成，依頼者が提出。 ・さらに次の２点の書類の提出を家裁から求められる。 ①被相続人とその弟の続柄を証明する書類（戸籍謄本のようなもの） ②被相続人の配偶者及び弟のほかに相続人がいないことの証明書
６月12日	所有権移転登記の手続について，長野地方法務局○○支局登記部門に照会。 次の２点の書類提出が必要との回答。 ①死亡を証する本国の在外公館の証明書及び日本語訳文 ②遺言書の検認済証明書
６月13日	駐日英国大使館（東京）において，被相続人の弟が宣誓供述。副領事が宣誓供述書（Affidavit）を作成。同大使館に死亡証明書も発行してもらう。
６月19日	依頼者が家裁に，①遺言書検認の申立書，②宣誓供述書及び訳文，③上申書２通（上記）を提出。検認は８月以降になるとのこと。
７月10日	遺言書検認期日を依頼者から聴取。期日は９月４日午後１時。

7月11日	「遺言書検認の期日通知」の英訳文を依頼者を通して家裁に提出。 　同日，英訳文の修正（3か所）を家裁から受領→修正訳文を依頼者が家裁に送付。
9月4日	遺言書検認期日。遺言書及び検認済証明書のコピーを依頼者から受領。
9月11日	司法書士に不動産登記手続を引き継ぐ。 次の書類4点を司法書士に渡す。 　①遺言書及び日本語訳文，②検認済証明書，③宣誓供述書及び日本語訳文，　④死亡証明書及び日本語訳文
9月12日	土地及び建物の所有権移転登記。

ケース2

日　付	内　　容
20□□年2月4日	依頼者から年金関係の相談を受ける。 　①被相続人がカナダ政府から受領していた年金をストップしたい。 　②遺族年金を受領できるかどうかを知りたい。
2月11日	依頼者に対し，上記手続等を説明。
3月25日	英国政府HPでの結婚証明書申請手続の入力をサポート。
4月15日	依頼者から次の3点の書類を見せてもらう。 　①「婚姻の記録は存在しない」旨のイギリス政府からのメール 　②戸籍謄本 　③年金の書類
5月13日	戸籍謄本の英訳文を依頼者に送付。
6月3日	カナダ政府宛の遺族年金の申請書類書式を依頼者に渡し，説明。

9月10日	依頼者からの連絡。遺族年金の申請を認める旨の通知書がカナダ政府から届いたとの内容。
11月5日	依頼者からの連絡。遺族年金（Death Benefit）の一時金給付を認める通知書が届いたが，入金は未了との内容。
12月3日	Death Benefit 一時金給付の督促状を依頼者がカナダ政府宛に送付。
12月18日	依頼者からの連絡。カナダ政府から，年金受領の銀行口座番号を記入して返信してほしい旨の書類が届いたとの内容。
20□□年1月16日	Death Benefit 一時金の小切手がカナダ政府から届いた旨，依頼者からの連絡。
2月5日	カナダ政府からの税金控除の通知文書のコピーを依頼者から受領。
2月9日	外国税額控除について，依頼者から頼まれて○○税務署に照会。カナダで税金を支払っていれば，日本では外国税額控除があり，還付されるとの回答。その旨を依頼者に伝えたうえで，税理士に相談してほしいと伝える。

COLUMN　コモンウェルス（Commonwealth of Nations）

英国のエリザベス女王（エリザベス２世）が2022年９月８日に死去しました。在位70年，96歳でした。女王の死去に伴い，「コモンウェルス（Commonwealth of Nations）」のあり方が改めて注目されています。

「コモンウェルス」とは，英国及び英帝国の領域であった独立国によって構成される特殊な国家結合のことをいいます。「イギリス連邦」又は「英連邦」とも呼ばれています。2022年現在の構成国は56か国です。

次の３種があります。

①　英国と元首を共通にする国：カナダ，オーストラリア等14か国（英国を含まず）

② 共和制をとる国：インド等

③ 独自の君主制をとる国：マレーシア等

連邦構成国間は相互に対等であり，対外的には各々は独立の地位を持っています。英国の王冠を「自由な結合の象徴」とみなし，特殊な関係を形成しています。本章の事例では，被相続人である英国人男性は，カナダで居住・就職していたことから，カナダ政府から退職年金を受給していました。また，男性の弟も英国生まれですが，現在はカナダ在住です。このように，英国とコモンウェルス構成国とは目に見えないつながりを持っているのです。

2020年3月に英王室を離脱したヘンリー王子とメーガン妃は，まずカナダに移住しました。その背景には，カナダの国家元首がエリザベス2世（当時）であり，カナダがコモンウェルス構成国であるという事情もあるといわれています。

また，コロナウイルスの感染が拡大した同年4月，イースターを前にエリザベス2世が，「私たちはコロナウイルスに屈しません」というメッセージを発信されました。そのなかで，コモンウェルス構成国間の助け合いに触れられていたことを覚えておられる方もいると思います。

2022年はエリザベス2世の即位70周年で，6月2日から4日間，英国では祝賀行事「プラチナ・ジュビリー」が行われました。ただ，同国の調査会社の調査では，「君主制を維持すべきだ」と答えた国民は，2012年は80％だったのに対し，2021年は60％に下落しています。調査を始めた1993年以降では最低となり，英王室に対する国民の見方は時代の変遷とともに変化しています。

2021年11月には，英連邦王国のバルバドスが君主制を廃止し，共和制に移行しました。2022年3月，ウィリアム王子がベリーズ，ジャマイカ，バハマを歴訪した際は，ジャマイカでは「君主制は遺物だ。それを捨て去るべきだ。今こそ前進し民主的なプロセスについて話す時だ」と訴える抗議デモがありました。さらに同年5月，オーストラリアでは共和制移行を支持するアルバニージーが首相に就任しています。

エリザベス女王の死去後，英連邦王国の共和制移行への動きがさらに活発化しています。

第4節 在住外国人の終活・墓地問題

1 はじめに

在住外国人の永住化・定住化が進めば，外国人高齢者も増加します。日本で最期を迎える在住外国人については，前節まででご紹介した「渉外相続」の問題のほかに，宗教の違いなどから生じる「墓地」の問題もあります。さらに，高齢になった外国人住民の「終活」，介護施設への入所，終末期ケア，看取りなども日本人と同様に問題になってきます。

外国人が日本で生活をすれば，ライフサイクルの各段階においてそれに相応しい継続的な対応が必要になります。特に人生の最期をどのように迎えるかは，その人の人生にとってとても重要なことです。しかし，そのための施策は日本ではまだ明確にはとられていません。山積している課題に対し社会全体で向き合い，しっかりと取り組んでいく必要があります。

以下では，「終活」と「墓地」の問題について概観します。

2 在住外国人の終活問題

介護施設では，外国人対応が難しいという理由から入所がスムーズにできないケースが生じているといわれます。私も以前，中国人の40代女性（永住者）からこんな話を聞かされたことがあります。

「高齢になったら，私も介護施設に入ることが必要になるかもしれません。しかし，はたして施設に入れてもらえるのか，入所できたとしてもそこで上手くやっていけるのかどうか。とても心配です」

住民基本台帳法改正（2012年7月9日施行）により，外国人のうち中長期在留者には介護保険制度が適用され，介護保険サービスが利用できるようになりました。しかし，受入れ環境の不備，社会保障サービスへのアクセスの困難など導入部分の問題があるほか，介護保険サービスを利用するにあたっても，言葉の問題，たとえば母語がえり（高齢に伴う記憶力の低下や認知症などによって，後から習得した日本語による意思疎通が困難になり，母語しか話せなくなること）があります。そのほか，生活習慣・文化の違い，母国文化への回帰などさまざまな問題が生じてきます。希望しても介護施設に入ることができず，又は入ることを自ら拒み，在住外国人が自宅で孤独死することが今後は増えてくる可能性があります。

3 墓地問題

イスラム教は，死者の復活を信じており，生前の肉体を失うことは禁忌とされています。そのため，死者の遺体は必ず土葬に付されます。日本で暮らすムスリム（イスラム教徒）は約23万人いるといわれますが，日本ではムスリム墓地は2020年3月末現在，全国に9か所あるだけです。しかも，地域に偏りがあるため，土葬のための墓地の確保は今後大きな問題となることが予想されます。土葬できる墓地の新設についても，衛生環境上の理由から地元住民が反対するケースがこれまでもありました。

ムスリムの墓地問題は，在住外国人だけの問題ではありません。ムスリムと結婚した日本人配偶者がムスリムに改宗するケースもあります。たとえば，インドネシアでは国民の約9割がムスリムで，インドネシア人は同じ宗教の人としか結婚できません。そのため，来日したムスリムのインドネシア人と結婚した日本人はムスリムに改宗し，その日本人も土葬を希望することになります。イラン人，パキスタン人，バングラデシュ人と日本人との婚姻についても同様のことが生じます。

「日本のムスリム墓地・共同霊園」一覧（2020年3月現在）

地域	墓地（公墓）名	所在地	建立又は管理先	建立年
北海道	余市イスラーム霊園	北海道余市郡余市町	北海道イスラミックスソサエティ	2016
山梨	塩山イスラーム霊園	甲州市塩山牛奥	日本ムスリム協会	1964

茨城	谷和原御廟霊園イスラーム墓地	茨城県常総市坂手町	日本イスラーム文化センター	1969
茨城	MGIJ（ムスリム墓地）	茨城県小美玉市花野井	MGIJの会	2013
東京	多磨霊園イスラーム墓地	府中市多磨町	東京都	1937
静岡	清水イスラーム霊園	静岡県静岡市清水区	日本ムスリム協会	2010
和歌山	大阪市イスラミックセンター霊園	和歌山県橋本市彦谷	大阪イスラミックセンター	2014
兵庫	神戸市立外国人墓地	兵庫県神戸市北区	神戸市	1867
大分	未公表（墓地確保のみ）	大分県大分市日出町	別府ムスリム協会	2018

出典：王榮（木下貴雄）「外国人の高齢化　多文化共生社会の先にある現実　海を越える遺骨　異国での最期をどう支えるか　～異文化としての“終活”問題を考える～」193頁

第6章

司法通訳

第1節　はじめに

訪日外国人及び在住外国人が増えるなかで，外国人が刑事事件の被疑者・被告人となるケースも生じてきます。刑事事件にかかわる外国人の多くは日本語を十分には解さないため，日本の刑事手続を当該外国人にもわかるように説明し，取調べや公判においては言葉の伝達が正確になされることが不可欠です。しかしながら，現状ではそのための法制度は十分には整備されていません。

「司法通訳人」として仕事をするためには，外国語及び日本語の語学力はもちろん必要ですが，それとともに刑事訴訟法や刑法等の法律知識も不可欠です。さまざまなバックグラウンドを持った行政書士の皆さんのなかには語学が堪能な方も少なくありません。法律の勉強もされている行政書士は「司法通訳人」として適任であるはずです。ぜひこの分野にも目を向けていただきたいと思います。

なお，私は2013年に長野県警察本部と長野地方検察庁に通訳人登録（英語）をしました。これまで主に検察庁での取調べの通訳人を務めています。

第2節　司法通訳とは

1　司法通訳

「司法通訳」とは，「日本で犯罪にかかわった日本語を解さない外国人が，逮捕，取調べ，起訴，公判等の一連の刑事手続きに付される各段階で行われる通訳」をいいます（岩本明美『法廷の異文化と司法通訳』4頁）。この司法通訳は，医療や教育など人々の生活一般にかかわる「コミュニティ通訳」のひとつです。

会議通訳等との対比でこの「コミュニティ通訳」という用語が使われています。

司法通訳人の小林裕子氏（明海大学外国語学部教授）は，司法通訳人を「浮世絵の摺師」にたとえています。小林氏は著書『司法通訳人という仕事 —知られざる現場』のはしがきで次のように書かれています。

> 通訳という響きに華やかさを感じる方も多いかもしれません。芸能・マスコミ・スポーツ界の通訳はリズムとニュアンスの選択センスが問われ，一瞬のうちに鋏一丁で竹串の上に金魚を泳がせる飴細工職人にも似た非凡な才能が必要でしょう。
>
> 一方，本書で取り上げる司法通訳人あるいは法廷通訳人は浮世絵の摺師にも似た仕事かもしれません。しっかり彫り込まれた刑事手続きという道筋の中で時系列に沿って事実を重ね合わせ，証拠や証言でさらに絵柄を際立たせ，摺り残しがないように何度も力を加減しながらバレンを滑らせ，細やかな色合いの取りこぼしがないように完成させていく仕事です。

2　刑事手続の流れ

事件の発生から公判，上訴までの刑事手続の流れは概ね以下のようになります。

①　事件の発生
②　捜査の実行（被疑者の身柄確保，証拠の収集）
③　検察官への事件送致
④　捜査の実行（検察官）
⑤　検察官の事件処理（起訴，不起訴等）
⑥　第１回公判期日前の手続
⑦　第１回公判手続
⑧　上訴

刑事手続全体の流れ

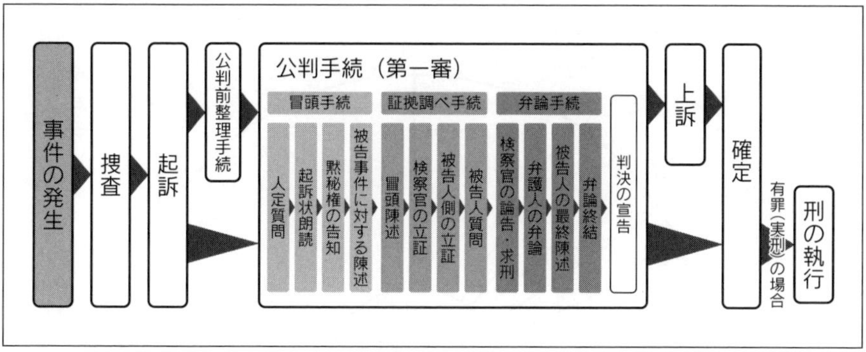

出典：裁判所ウェブサイト

3　司法通訳人

上記2の刑事手続において，主に次の各段階で通訳が行われます。その通訳を担当するのが「司法通訳人」です。

① 捜査段階における警察署及び検察庁での取調べ通訳
② 留置施設・拘置所における弁護人との接見での通訳
③ 裁判所における勾留質問での通訳
④ 裁判所における公判での通訳

④の通訳人は特に「法廷通訳人」といい，法廷通訳人として管轄の裁判所の名簿に登録されている人を「通訳人候補者」といいます（2017年4月1日現在，全国で62言語，3,823人登載）。

刑事事件で使用された外国語（令和２年）

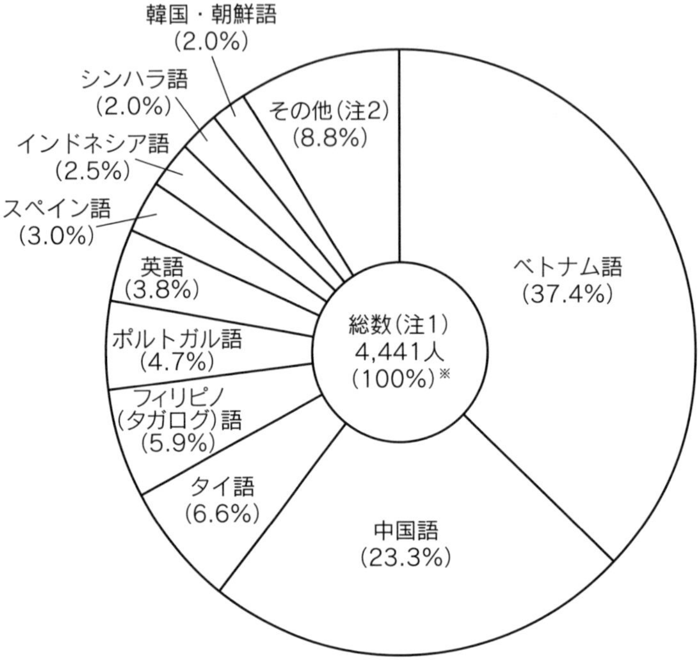

（注1）事件が終局した被告人のうち，通訳人が付いた外国人被告人の総数（1ページ参照）

（注2）その他の言語
アラビア語，ウズベク語，カンボジア語，トルコ語，ネパール語，ヒンディー語，ペルシャ語，ミャンマー語，モンゴル語，ロシア語など

※各言語の%は少数第2位を四捨五入しているため，合計は100%にならないことがある。

出典：「ごぞんじですか　法廷通訳」（裁判所）

第３節　法的な位置づけ

日本語を解さない外国人被疑者・被告人は，刑事手続において通訳人の通訳を受ける権利があります。その法的根拠が憲法，条約，法律にそれぞれ規定されています。この権利を保障することは，公正な裁判を実現するため，及び外国人被疑者・被告人の防御権を保障するために重要です。

① 憲法 31 条（適正手続の保障）

「何人も，法律の定める手続によらなければ，その生命若しくは自由を奪はれ，又はその他の刑罰を科せられない。」

② 刑事訴訟法 175 条（通訳）

「国語に通じない者に陳述をさせる場合には，通訳人に通訳をさせなければならない。」

③ 国際人権規約（市民的及び政治的権利に関する国際規約）14 条 3 項柱書

「すべての者は，その刑事上の罪の決定について，十分平等に，少なくとも次の保障を受ける権利を有する。」

同項（a）

「その理解する言語で速やかにかつ詳細にその罪の性質及び理由を告げられること。」

同項（f）

「裁判所において使用される言語を理解すること又は話すことができない場合には，無料で通訳の援助を受けること。」

第 4 節　通訳言語の選択の妥当性

1　原　　則

司法通訳人は，被疑者・被告人の「第一言語」に通訳するのが原則です。「第一言語」とは，必ずしも当該被疑者・被告人の母語を指定しているわけではなく，担当通訳人が使用可能な言語と，当該被疑者・被告人が使用できる言語が最も重なり合う言語を指します。

2　通訳言語の選択について争われた裁判例

通訳言語の選択について争われた裁判例2つをご紹介します。「第一言語」の意味するところがおわかりいただけると思います。

(1) 被告人はタイ人で，母国語（タイ語）ではない英語の通訳

タイ語に通ずる通訳人を得ることが極めて困難な現状においては，そのタイ人が英語を理解しかつ話すことができる場合には，英語の通訳によることもやむを得ないところであり，これをもって違法な措置であるということはできない（東京高判昭和35年12月26日下刑集2巻11号1369頁）。

(2) 被告人はイラン人で，母国語（ペルシャ語）ではない英語の通訳

市民的及び政治的権利に関する国際規約14条3項（a）（f）には，外国人はその刑事上の罪の決定について，「その理解する言語で速やかに且つ詳細にその罪の性質及び理由を告げられること」，「裁判所において使用される言語を理解すること又は話すことができない場合には，無料で通訳の援助を受けること」の保障を受ける権利を有することが謳われているけれども，ここで要請されているのは，「その理解する言語」による告知や通訳であって，所論のように「母国語」によることに限定されるものではない。（中略）要は，捜査官と被疑者との意思の疎通が図られれば足りるのである。これを本件についてみるに，被告人は通訳を介し「その理解する言語」である英語による取調べを受け，任意これに応じて供述しているのであって，右取調べはもとより適法であり，これによって作成された供述調書の証拠能力を否定すべきいわれはない（東京高判平成4年4月8日判時1434号140頁，判タ791号267頁）。

第5節　司法通訳の実務

1　通訳人の資質・能力

まず，司法通訳人には以下のような資質・能力が必要になります。

(1) 外国語及び日本語の語学力

司法通訳人はまず，通訳の現場で使用する外国語と日本語の両方について

高度の語学力が必要です。司法通訳人にとって最も重要なのは「正確さ」です。発言者の発言内容を削除，省略，追加，編集をしてはならないほか，発言者の表現領域（レジスター）を変えることも許されません。たとえば，「知らないって言ってるだろ，何度も同じことを聴きやがって」という被疑者の発言を，「何度も同じことを聴かれましたが，私は知りません」と訳してはいけないということです。発言者のニュアンスや言葉遣いにも可能な限り忠実でなければなりません。このような司法通訳の特殊性ゆえに，高度な語学力が求められます。

（2）法律の知識（特に刑事訴訟法，刑法）

刑事手続に携わる司法通訳人は，通訳すべき文言の逐語的な置き換えにとどまらず，事案の内容をきちんと理解したうえで厳密な通訳をすべきです。そのためには，刑事手続全体についての知識や，法律用語の持つ意味の正確な理解が不可欠です。特に刑事訴訟法及び刑法の知識は是非とも身につけておかなければなりません。

（3）外国人被疑者・被告人の本国についての文化・制度・習慣等の知識

被疑者・被告人の本国の制度等の知識も持っておくことが望ましいです。本国の制度が日本でも通用していると被疑者・被告人が誤解する場合もあります。また，通訳人が本国の習慣等を知らなかったがゆえに相互の思い違いが生じることも起こりえるからです。

2 通訳人に求められる態度・立場

通訳内容の「正確さ」をはじめとして，以下のような態度・立場をとることが通訳人には求められています。

（1）正　確　さ

司法通訳人にとって最も重要なのは，「正確性の保障」です。被疑者・被告人や証人が話したことについて修正，割愛，付加をしてはならず，通訳人の説明も加えてはなりません。たとえば，被疑者・被告人が躊躇しながら言葉を発したことなど，表現のニュアンスも正確に訳すことが求められます。特に法廷通訳では，発言者の表現領域（レジスター）を変えない通訳をすることが重要です。判決や量刑に影響を及ぼす可能性があるためです。知らないという言葉ひとつをとってみても，「存じません」「わかりません」「わかんない」「知らんね」など，その人の教養や性格，精神状態などによって大きな幅が出てきます。通訳人は発言者の表現を忠実に再現することが必要です。

(2) 利害関係の不存在

刑事手続において，司法通訳人は，その関係者の誰とも個人的関係を持ってはいけません。また，利益相反の関係にあってはなりません。通訳人の立場は通訳の正確性に大きな影響を及ぼすからです。たとえば，被疑者が通訳人の友人であれば，本人に不利益になる内容は通訳しないということも起こり得ます。このような場合には，できるだけ早い段階で個人的関係があることを取調官等に伝え，通訳人の立場から外してもらうなどの対応をとる必要があります。

(3) 公平性・中立性

司法通訳人は，いかなる個人的偏見も示さず，また中立性を損なうと疑われる態度も表すことなく，正確かつ忠実に通訳することが求められます。たとえば，通訳人が被疑者・被告人と同国人である場合に，被疑者・被告人に極度に同情したり，逆に「何て恥知らずな」と批判的な目で見ることがあってはなりません。通訳人の職責は，公平・中立に淡々と通訳をすることです。

(4) 守 秘 義 務

司法通訳人は，業務上知り得た秘密を他に漏らしてはいけません。たとえば，弁護人との接見で知った情報を検察官などに話してしまったら，裁判の公正が損なわれます。通訳人に対しては，裁判官や弁護士のように倫理原則が明確な形では存在していません。そのため，通訳人の良識に任せるしかないのが現状ですが，個人情報保護の観点からも守秘義務は司法通訳人の基本的な倫理です。

(5) 職業倫理

日本では司法通訳人の職業倫理を明確に規定したものはありません。しかし，通訳人の誤訳によって被告人の罪名が窃盗から強盗になってしまったり，刑期が大きく変わってきたりすることが生じかねません。そのため，司法通訳人は自らの仕事に責任を持つ必要があります。責任を持つとは，何らかの事情によって通訳がうまく進まない場合には，関係者に協力してもらい事態の改善に努めることを含みます。たとえば，話者の話すスピードが速すぎるときは，それを伝えてゆっくり話してもらうべきです。また，話が長いときには文を短く切ってもらう，集中力が切れたときは休憩を求めるなどです。誤訳に気づいたときは，取調官や裁判官に速やかにそれを告げて誤りを修正すべきです。司法通訳人にとって最も重要なことは「正確性の保障」であることを忘れてはなりません。

3 各段階での通訳人の役割

取調べから公判までの各段階において，司法通訳人には以下のような役割が求められます。

(1) 警察署及び検察庁での取調べ通訳

警察官・検察官と被疑者との間の双方向のやり取りを，中立の立場で正確に通訳する必要があります。

(2) 留置施設・拘置所における弁護人との接見での通訳

弁護人は，刑事手続の流れを被疑者に説明します。通訳人は，被疑者が理解できる言語で，弁護人の説明を的確に通訳することが求められます。たとえば黙秘権については，黙秘権とはどのような権利であるか，黙秘権が刑事手続のなかでどのように重要な意味を持つかを説明することが必要です。

(3) 裁判官の勾留質問の通訳

裁判官は，黙秘権の告知，弁護人選任権の告知，勾留の要件・期間の説明，被疑事実の告知をします。また，領事関係に関するウィーン条約36条1項

(b) に基づき，被疑者は本国領事館に抑留の事実を通報することができますが，その通報を要求するかどうか，及び勾留されることになった場合の通知先（弁護人，配偶者等）を質問します。

これらの質問・告知・説明を通訳人は正確に通訳することが求められます。

【領事関係に関するウイーン条約36条（派遣国の国民との通信及び接触）】

> 1　派遣国の国民に関する領事任務の遂行を容易にするため，
> (a) 領事官は，派遣国の国民と自由に通信し及び面接することができる。派遣国の国民も，同様に，派遣国の領事官と通信し及び面接することができる。
> (b) 接受国の権限のある当局は，領事機関の領事管轄区域内で，派遣国の国民が逮捕された場合，留置された場合，裁判に付されるため勾留された場合又は他の事由により拘禁された場合において，当該国民の要請があるときは，その旨を遅滞なく当該領事機関に通報する。逮捕され，留置され，勾留され又は拘禁されている者から領事機関にあてたいかなる通信も，接受国の権限のある当局により，遅滞なく送付される。当該当局は，その者がこの (b) の規定に基づき有する権利について遅滞なくその者に告げる。
> (c) 領事官は，留置され，勾留され又は拘禁されている派遣国の国民を訪問し，当該国民と面談し及び文通し並びに当該国民のために弁護人をあっせんする権利を有する。領事官は，また，自己の管轄区域内で判決に従い留置され，拘留され又は拘禁されている派遣国の国民を訪問する権利を有する。ただし，領事官が当該国民のために行動することに対し，当該国民が明示的に反対する場合には，領事官は，そのような行動を差し控える。
> 2　1に定める権利は，接受国の法令に反しないように行使する。もっとも，当該法令は，この条に定める権利の目的とするところを十分に達成するようなものでなければならない。

(4) 公判での通訳

裁判官，検察官，弁護人，被告人といった関係者間のやり取りを，通訳人は正確にわかりやすく通訳することが求められます。起訴状や冒頭陳述など公判期日に読み上げられる文書を，可能な限り事前に翻訳して準備しておくことが，特に公判における通訳では必要になります。

4 司法通訳の実例

検察庁での取調べ，及び裁判所での勾留質問における通訳の実例を以下でご紹介します。

(1) 検察庁での取調べ通訳：無免許過失運転致傷被疑事件の犯罪事実

検察庁での取調べ通訳の現場では，検察事務官から取調べ前に次のような「事案の概要（犯罪事実）」が渡されます（日時・場所等の事実は変えてあります）。

【犯罪事実】

被疑者は，公安委員会の運転免許を受けないで，令和4年11月20日午前9時45分頃，東京都港区虎ノ門4丁目3番10号付近道路において，自家用普通乗用自動車（品川123い4567号）を運転し，もって無免許運転をするとともに，その頃，前記場所を虎ノ門タワーズオフィス方面から地下鉄日比谷線神谷町駅方面に向かい時速約30キロメートルで自車の前方を同方向へ進行中の松本太郎（43歳）運転の自家用普通乗用自動車（練馬234ね567号）に追従進行するに当たり，同車の動静を注視し，その安全を確認しながら進行すべき自動車運転上の注意義務があるのにこれを怠り，進行方向先を歩いていた女性に気を取られ，同車が停止することはないものと軽信した過失により，前車に続いて停止した松本運転車両を前方2.7メートルの地点に認め，急制動の措置を講じたが間に合わず，同車後部に自車前部を衝突させ，よって，同人に全治約1週間を要する頚椎捻挫，腰椎捻挫の傷害を負わせたものである。

取調べは検察官室で行われます。検察官が被疑者に黙秘権を告げたうえで，この「事案の概要（犯罪事実）」に基づいて取調べが行われます。通訳人は，まずこの「犯罪事実」を外国語に訳して口頭で被疑者に述べた後，検察官と被疑者の双方のやりとりを通訳します。これを検察事務官が記録し，記録は即時にディスプレイ上に表示されます。検察官は，作成した供述調書を被疑者に日本語で読み聞かせをし，通訳人が調書の内容を通訳したうえで，異議がなければ被疑者が調書に署名・捺印します。

(2) 勾留質問の通訳

検察官から勾留の請求を受けた裁判官は，被疑者を勾留するかどうかを判断するため，記録を検討するとともに，速やかに被疑者に対して被疑事実を告げてこれに関する陳述を聴かなければなりません（刑事訴訟法207条）。これを勾留質問（Detention Hearing）といいます。勾留質問は裁判所の勾留質問室等において非公開で行われ，裁判官が直接被疑者に必要な事項について質問し，裁判所書記官がその結果を調書に記載します。被疑者が日本語に通じない外国人の場合には，勾留質問手続は通訳人を介して行われます。

まず，通訳人の人定尋問の後，裁判官が通訳を命じ，通訳人は宣誓します。被疑者の人定質問の後，以下のような裁判官の質問を通訳人が通訳します。

（出典：『法廷通訳ハンドブック実践編【英語】（改定版）』56–63頁）

※　裁判官：（裁）（J）
　　被疑者：（被）（S）
　　裁判所書記官：（書）（C）

【前置き】

（裁）私は，○○地方裁判所の裁判官です。検察官から勾留請求といって，引き続いてあなたを留置してほしいという請求がありました。そこで，あなたを勾留するかどうかを決めるために，あなたに対して被疑事実を告げ，それに関するあなたの陳述を聴くことにします。その前にいくつかの注意及び説明をします。

Introduction

（J）　I am a judge of the ______District Court. The public prosecutor has applied to this court for your detention. I will recite the alleged facts of the crime, after which you may make a statement about the allegations. First, however, I would like to give you some warnings and information.

【黙秘権の告知】

（裁）まず第一に，あなたには黙秘権があります。私の質問に対し，始めから終わりまで黙っていてもいいし，個々の質問に対して答えを拒むこともできます。答えないからといって，それだけで不利益な扱いを受けることはありません。

Notice of the right to remain silent

（J） First, you have the right to remain silent. You may remain silent throughout my questioning, or you may refuse to answer individual questions. It shall not be to your disadvantage to remain silent or refuse to answer any of my questions.

【弁護人選任権の告知】

> （裁）第二に，あなたは自分の費用で弁護人を選任する権利があります。弁護人を選任したいけれども，弁護人の心当たりがないという場合には，弁護士会を通じて選任する方法があります。そのような申出があれば，裁判所から弁護士会に通知しますから，希望する場合は遠慮なく言ってください。
>
> （被疑者国選弁護対象事件の場合）
>
> あなたが経済的な理由などで自分の費用で弁護人を選任することができないときは，裁判官に弁護人の選任を請求することができます。この請求をする場合には，資力申告書を提出しなければなりません。また，資力申告書の資力の合計が50万円以上の場合には，あらかじめ，〇〇弁護士会に弁護士の選任の届出をしていなければなりません。

Notice of the right to counsel

（J） Second, you have the right to appoint your defense counsel at your own expense. If you wish to appoint counsel, but do not have any information about defense counsel, the court can help you find an attorney to represent you through a bar association. Do not hesitate to apply to the court to find a counsel. If requested, the court will notify a bar association at your request.

（Where the suspect is eligible to apply for a court–appointed defense counsel）

If you cannot afford to appoint a defense counsel at your own expense for economic or other reasons, you may request a judge to appoint one. If you wish to make this request, you should first submit a report of financial resources. If you have a total of 500,000 yen or more as your own resources, you should request the ______ Bar Association to appoint a defense counsel beforehand.

【勾留の要件の説明】

（裁）あなたに，罪を犯したと疑うに足りる相当な理由があり，かつ，住居が不定であるか，証拠を隠滅したり逃亡したりすることを疑うに足りる相当な理由がある場合には，勾留されることになるかもしれません。

Summary of detention procedures

（J） You might be held in detention if the court finds probable cause to suspect that you have committed the crime as along with one or more of the following three factors : One, you have no fixed address. Two, there is probably cause to suspect that you will conceal or destroy evidence. Three, there is probably cause to suspect that you will attempt to flee.

【勾留の期間の説明】

（裁）勾留される期間は，原則として10日間です。しかし，場合によっては，10日たつ前に釈放されることもありますし，更に10日以内の日数勾留が延長されることもあります。

Duration of detention

（J） The duration of detention is 10 days in principle, but depending on the case, you might be released （from custody） before 10 days or the detention might be extended up to another 10 days.

【被疑事実の告知】

（裁）それでは，勾留請求の理由となっている犯罪事実を読むのでよく聞いてください。その後で，これに対して言いたいことがあったら述べてください。

「被疑者は，平成〇〇年10月10日午後6時50分ころ，〇〇市丸山町1番1号所在の株式会社甲百貨店（代表取締役甲野太郎）本店3階貴金属売場において，同者所有のダイヤモンド1個（時価300万円相当）を自分の背広の内側ポケットに入れて窃取したものである。」

Notice of alleged facts of the crime

（J） The following allegation of the facts of the crime constitute the grounds for the request for your detention. Afterwards, you will have an opportunity to make a comment.

"The suspect, at about 6:50 p.m., on October 10, XXXX, knowingly and intentionally stole a diamond ring (valued at about three million yen) by slipping it inside the inside pocket of his/her jacket at the jewelry department on the third floor of the main store of ______ Department Store (C.E.O.______), located at 1-1 Maruyamacho, City."

【被疑事実に対する陳述】

（被）・事実はそのとおり間違いありません。
・身に覚えがありません。
・検察庁で述べたとおりです。

Statement by the suspect concerning the alleged facts of the crime

(S) ・These facts are true in their entirely.
・I have nothing to do with these facts.
・All I want to say now is what I have said at the public prosecutors office.

【勾留通知先】

（裁）あなたが勾留されることになった場合には，裁判所から弁護人あてにその旨を通知します。弁護人がない場合には，国内にいるあなたの配偶者，親兄弟等のうち，あなたが指定する１人に通知します。また，弁護人もそのような家族もない場合には，雇主とか知人などのうちからあなたが指定する１人に通知します。通知先の氏名，住居，電話番号を述べてください。
（被）日本にいる兄に連絡してください。
（裁）住所と名前は。
（被）名前はＡです。私と同じところに住んでいます。

Notification of detention

(J) If you are detained, the court will notify your counsel of your detention. If you do not have your own counsel, the court will notify your spouse, a parent or a sibling in Japan designated by you. If you have neither counsel nor such family members, the court will notify any other person designated by you, such as your employer or acquaintance. Indicate the name, address, and phone number of such person whom the court should notify of your detention.

(S) Please notify my brother in Japan.

(J) What is his name and address?

(S) His name is A. He lives at the same address as I do.

【領事機関への通報】

> (裁) あなたは，○○国国民として，領事関係に関するウィーン条約第36条第1項（b）の規定により，勾留の事実を○○国領事官に通報することを要求しますか。
>
> (被告) 通報することを要求します。〈要求しません。〉
>
> (裁) なお，領事機関に対しては，我が国の法令に反しない限り，信書を発することができます。

Notification of consul

(J) Do you, as a national of _______, under Article 36 (1) b of the Vienna Convention on Consular Relations, request notification of your detention to be given to the Consul of ______?

(S) Yes, I do. 〈No, I don't.〉

(J) You may send a letter to the Consul in so far as it does not contradict Japanese law.

【読み聞け】

> (書) あなたが述べたことを調書に書きましたので，それを読み上げます。間違いがなければここに署名して，左人指し指で指印してください。

Reading of the written statement of the suspect, signature and seal.

(C) I have written down what you have said. I will read it aloud. If it is correct, sign here and seal it with your left index finger next to your signature.

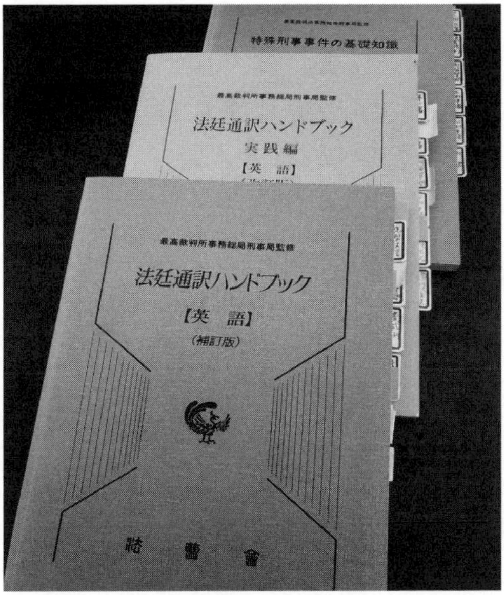

司法通訳の実務書

第６節　司法通訳の課題

刑罰権の行使とその手続には，その国の人権感覚が集約されます。外国人が被疑者・被告人である事件でいかなる刑事手続が行われるか，それは国際社会における日本の評価にもつながります。以下では，日本の司法通訳の課題をいくつか挙げてみます。

1　司法通訳人資格認定制度の不存在

司法通訳人には前記第5節のような高度の資質が求められますが，そのための制度的担保が存在しません。日本には司法通訳人資格認定制度がなく，そのため司法通訳人には身分保障，経済的保障がないのが現状です。

これに対し，たとえば米国では，1978年にCourt Interpreter's Act（連邦法廷通訳人法）が制定され，司法通訳人資格認定制度が確立し，司法通訳人が職業として認められています。またカリフォルニア州など各州も，関連する法律や制度を整備して司法通訳人の数と質の保障を図っています。

ただ，資格認定制度をつくった場合，特に少数言語では必要な数の司法通訳人が確保できなくなるおそれがあるでしょう。

2　法律知識教育の必要性

たとえば，「殺人」と「過失致死」，「確定的故意」と「未必の故意」の違いをそれぞれ理解するには刑法の知識が必要です。また，刑事手続の流れを把握するためには刑事訴訟法を理解しなければなりません。このように，司法通訳を行ううえで刑法，刑事訴訟法など刑事法の知識は不可欠です。しかし，現状では法律知識習得のシステムが確立しておらず，自己研鑽を図っている司法通訳人も少ないといわれています。

また，司法通訳を体系的に学ぶ大学・大学院レベルの高等教育システムはごく一部の大学にあるだけです。法務省及び裁判所は 1995 年から通訳人セミナーを実施していますが，参加者の数は限られています。

なお，オランダでは，通訳スキル判定に加え，指定の教育機関で刑法と外国人関連法の科目を履修して初めて法廷通訳人候補者として登録されています。

3　通訳人の仕事に対する理解不足

捜査段階の通訳では場合によっては終日，公判でも 1 時間程度の通訳を続けています。専門用語が多用され，正確さが要求される現場でこれだけ長時間の通訳を集中して続けることは通訳人にとって過重の負担です。しかし，捜査機関及び裁判所等は，必ずしも通訳人の業務に対する理解及び評価が十分とはいえません。

COLUMN　在住外国人に対する「寛容さ」

外国人法務については，在住外国人に対して国及び地域が「寛容」かどうかという視点で考察することによって，問題の本質が浮き彫りになります。

(1) 在留資格

外国人の人権保障は「外国人の在留制度の枠内で与えられるにすぎない」（マクリーン事件最判）うえに，在留資格の審査においては裁量の範囲が広範であり，外国人は常に弱い立場に置かれています。また，移民政策を採らない日本において，在住外国人は在留資格によって活動の内容が細かく制限されています。これまでは，人手が足りない職場で外国人労働者を雇用してきましたが，日本人の就労が脅かされるような状況になれば，外国人を排除する方向に作用することは容易に想像がつきます。

(2) 司法通訳

その国の人権感覚は刑事手続に集約されますが，日本では被疑者・被告人の人権保障が十分になされているとはいえません。なかでも日本語を解さない外国人は，「ことばの壁」というハンデがありますが，それを補完する制度的な手当は不十分です。それゆえ，外国人の被疑者・被告人は二重の意味で脆弱な地位にあります。公正な裁判の実現，被疑者・被告人の人権保障の両面から，司法通訳の制度改善は喫緊の課題です。

(3) 国際私法

その一方で，国際私法の分野では，準拠法選択において日本法の判断を絶対視せずに外国法を適用する寛容さが見られます。国際裁判管轄についても両当事者の利害を公平に考慮する寛容さが伺えるところです。

(4) 両方向のベクトル

以上見たように，外国人法務においては，(1) 及び (2) では寛容でなく (3) では寛容，という逆方向のベクトルが働いているように考えられます。

第7章

医療通訳

第1節　医療通訳とは

1　コミュニティ通訳

第6章で「司法通訳」について説明しましたが，司法通訳のほかに医療通訳，学校通訳，行政通訳などを総称して「コミュニティ通訳」と呼んでいます。コミュニティ通訳は，「言語的マイノリティを通訳・翻訳面で支援することによって，ホスト社会につなげる橋渡し役」と定義されます（杉澤経子ほか監修『これだけは知っておきたい！外国人相談の基礎知識』17頁)。会議通訳，外交通訳，ビジネス通訳などと対比した呼称で，通訳サービスを提供する相手は地域に暮らす人々が中心です。

コミュニティ通訳は，一般の人々の生活に密着しているため，文化的差異がそのままぶつかり合うことがあるほか，基本的人権の保障にも直結しているという特徴があります。

それゆえ，コミュニティ通訳の通訳者には高度な語学力・通訳スキルに加えて，通訳する分野の専門知識，異文化の理解，一般常識，職務倫理などが求められます。

2　医療通訳とは

医療通訳とは，病院や診療所の患者と医療提供者との間のコミュニケーションの仲立ちをする通訳です。医療提供者には医師，看護師のほか，検査技師，薬剤師，病院受付の職員も含みます。通訳者は，患者の健康と安全を守るという目的のために，場合によっては病院・診療所の受け付けでの手続から診察・検査などすべてが終るまで，患者に付き添ってコミュニケーションの支援をすることもあります。

医療通訳養成講座（基礎編，長野県国際交流推進協会主催）で配付された「医療通訳の心得10か条」をご紹介します。

【医療通訳の心得10か条】

1　正確な通訳が基本：足さない，引かない，変えない
2　基本的医学知識の習得
3　プライバシーを守る
4　患者さんが話しやすい態度で
5　自分の意見と患者の訴えをまぜない
6　医療に関わるさまざまなスタッフの役割を知り，連携をとる
7　自分の役割を明確に
8　ひとりでかかえこまないで，相談する
9　外国人が使える医療制度についての知識を持つ
10　健康に留意する

このなかで「9　外国人が使える医療制度についての知識を持つ」は，外国人が特に不安を感じることだと思います。私自身も経験があります。以前，ネパールを一人で旅していたとき，風邪をひき体調を崩してしまいました。現地で知り合いになったネパール人にサポートしてもらい，カトマンズの診療所で受診できましたが，最も不安を感じたのはネパールの医療制度がどうなっているのかということでした。たとえば，診療所はどこにあるのか，行ってすぐ受診してもらえるのか，医療費はどのくらいかかるのか，などです。

第2節　医療通訳の課題

医療は，「生命」や「健康」など人間にとって最も重要なことがらを扱い，患者と医師との間の言葉によるコミュニケーションは診断・治療に大きな影響を及ぼします。そして，手術や投薬においてはコミュニケーションの齟齬が命にかかわることもあります。

近年，各地の地方自治体や国際交流協会，NPO法人などの組織・団体が研修

会やセミナーなどを通じて医療通訳者の確保，質の向上に取り組んでいます。しかし，あらゆる通訳分野のなかでも医療通訳は，最も報酬が保証されず，システムも整っていない分野のひとつです。通訳を介して医療過誤が生じた場合の責任の問題も生じかねません。

私は2010年に長野県国際交流推進協会（ANPI）の医療通訳養成講座（基礎編）を受講し，国際交流ボランティア（医療通訳者）に登録しました。2012年と2013年には北信外国人医療ネットワーク主催の外国人健診ボランティアにも参加しています。

しかし，医療通訳をするためには医学の専門知識（解剖学等）を身につける必要があり，安易に手を出すべきではないと考えています。したがって，現時点ではこの分野は深入りしないことにしています。

COLUMN　第三者返答

医療通訳では，通訳者は自分がいる位置に気をつけなければならないとされています。

医師，患者，通訳者の位置関係は，通訳者は患者の斜め後ろに座るのがベストです。なぜなら，対話をするのはあくまで医師と患者であって，通訳者はそれを支える立場だからです。三角形に座ると，医師は患者ではなく通訳者と対話するようになり，患者は疎外感を覚えてしまいます。

同様の三者関係について，「第三者返答」という概念があります。関西学院大学のオストハイダ・テーヤ教授が2005年に論文で発表されたものです。外国人との関係では，たとえば次のような状況が「第三者返答」の例です（吉開章『入門《にゅうもん》・やさしい日本語《にほんご》　外国人《がいこくじん》と日本語《にほんご》で話《はな》そう』178頁）。

- 日本語が通じる外国人Ａが日本人Ｂと一緒にいる場面で，
- 外国人Ａが別な日本人Ｃに話しかけると，
- 日本人Ｃは外国人Ａの日本語に問題がないにもかかわらず，
- 外国人Ａの外見的な印象から，
- 外国人Ａを無視して日本人Ｂに返答する

　このような状況を経験すると，外国人Ａはとても不愉快になります。日本人Ｃの立場からは，外国人が日本語を話すのは負担になるだろうと考えて行った一種の配慮ではあります。しかし，これは外国人Ａに対する差別に当たるので気をつけなければなりません。障害者や子どもも，「第三者返答」の経験をしていることと思います。障害者については，内閣府が作成した障害者差別解消法（2016年施行）の解説リーフレットに「不当な差別的取扱い」と明記されています。

　この「第三者返答」については，2022年10月に長野県が行った「やさしい日本語」オンライン講座において，講師の吉開章氏が，レストランでの外国人客に対する店員の対応，障害を持った先生に対する学生の対応の２つについてショートムービーで説明されました。

第8章

日本語教育

第1節 3つの壁

日本で暮らす外国人にとって，「3つの壁」があります。「ことばの壁」「制度の壁」「心の壁」です。

❶ ことばの壁

日本語が理解できないと，さまざまな情報が得られず，人とのコミュニケーションができません。必要な情報にアクセスできなければ，生活上の問題が起きたときにそのトラブルを解決できず，そのまま問題が潜在化してしまうことになります。やがて顕在化したときには大きな問題となり，かえって社会的コストが大きくなってしまいます。

また，生活言語（日常生活をこなすレベルの言語）と学習言語（教科学習をするうえで必要な言語）の違いもあります。子どもは友だちと遊んだり家庭で会話する際は支障なくコミュニケーションできても，学校の授業についていけないケースがあります。たとえば，「三角形」は日常生活でもよく使う生活言語ですが，「二等辺三角形」や「内角の和」は算数・数学の授業で習う学習言語です。生活言語を日本人と同じように使っているのだから，学習言語についても支障がないはずだと誤解されてしまうケースがあります。学校の先生や保護者などまわりの大人は，この点をよく見極めることが必要です。学習言語を使った授業についていけなくなると学力が低下し，進級・進学も思うようにいかなくなります。その結果として将来的な貧困につながったり，社会のリスクになる可能性が生じかねません。

❷ 制度の壁

日本にいる外国人は在留資格の枠内でしか活動できず，身分系の在留資格等を持つ在住外国人以外は職業の選択肢が限られています。また，在留期限が切れれば，在留資格の更新・変更等をしない限り，引き続き日本に住むことが制度上はできなくなります。

さらに，たとえば消防団に入るのは日本人に限られる場合があるなど，構成員資格について国籍による制限があることがあります。

❸ 心 の 壁

見た目で差別され偏見を持たれたりすることがあるほか，考え方や価値観の違いから誤解されることが多くなります。そのため，いじめの対象になったり，孤立したりすることがあります。「心の壁」を取り除くことが，実は一番難しいのです。

在住外国人の相談窓口「松本市多文化共生プラザ」で相談員をしていたとき，私は同プラザのニュースレターに以下のような寄稿をしました。

松本市多文化共生プラザ　ニュースレター

2021 年度　上半期

＊　バイリンガルスタッフのつぶやき　＊

「ふつう（普通）」ということがよく言われます。日本で生まれ育った私は，幼少期からずっと，学校でも家庭でも「ふつう」であることを求められてきました。しかし今振り返ると，「ふつう」という枠は意識しつつも，私は自分の軸で動きたいと考えて生きてきたように思います。

高校は校則・制服のない都立高で，冬も半袖姿で通学していました。なぜかといえば，積雪期の山に登るための耐寒訓練です。冬のある日，下校時に校門の外で校長先生に呼び止められ，こう言われました。「君は山岳部か。ばかなことはやめなさい。人間には限界がある」（もちろん，スルーしましたが）。そして周りからも「寒くないのか」と聞かれます。寒くないわけがありません，人間ですから。そんなことを 10 年ほど続けているなかで，「鍛えているんだね」と言ってくれた人もいました。わずか 2 人だけですが。

では「ふつう」の反対語はなんでしょうか。調べてみると，「異常」「特殊」などが挙がってきます。「ふつうの人」と対（つい）になるのは「変わった人」。「あなたは，変わった人ですか」と尋ねると，ほとんどの人は「いいえ，違います」と答えるはずです。では，そう答える人は「変わった人」とどう向き合っているのでしょう。自分は高みに立ち，偏見の目で見てはいないでしょうか。

自分のことを「変わった人」だと思っていれば（実際どうなのかは別にして），だれかを差別したり排除したりすることが少なくなるのではないか，争いごとも一定程度減るのではないか。私はそのように考えています。
さて，もう一度お聞きします。「あなたは，〈ふつう〉ですか」。
（多文化共生プラザ　英語相談員：岡田　忠興）

第2節　日本語教育

上記「ことばの壁」をなくすためには日本語教育が必要です。日本語教育とは，「外国語としての日本語」についての教育をいいます。

1　日本語学習者数及び日本語教師数

日本国内での日本語学習者数（2021年度）は，12万3,408人。日本語教師等の数は3万9,241人で，このうちボランティアによる者が1万8,845人（48.0％），非常勤による者が1万4,230人（36.3％），常勤による者が6,166人（15.7％）となっています（「文化庁　令和3年度国内の日本語教育の概要」）。

日本語教師等の数，日本語学習者数，日本語教育実施機関・施設等数は，平成2年度（1990年度）から令和3年度（2021年度）まで次のように推移しています。日本語学習者数は平成26年度（2014年度）以降，令和元年度（2019年度）までに10万人以上増えていますが，日本語教師等の数はほとんど変わっていないことがわかります。

日本語教師等の数，日本語学習者数，日本語教育実施機関・施設等数の推移

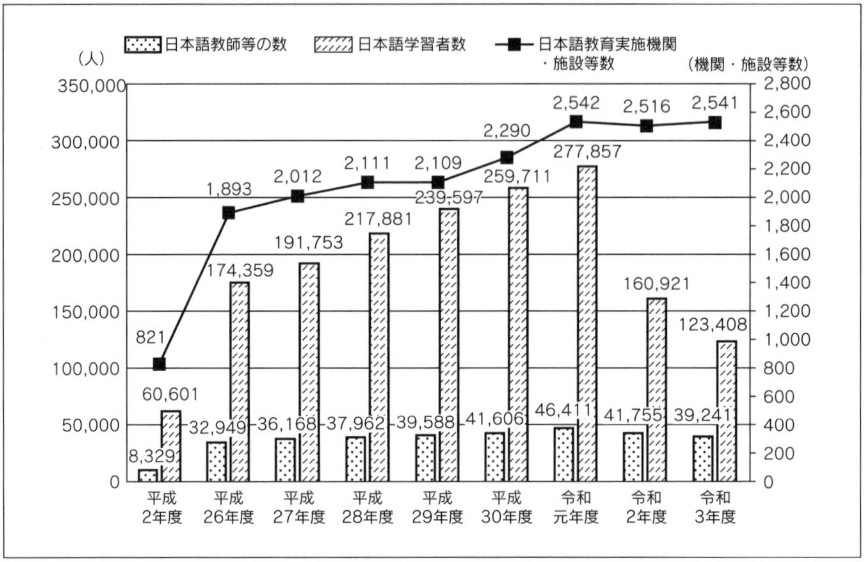

出典：文化庁「令和 3 年度　日本語教育実態調査報告書　国内の日本語教育の概要」

2　日本語指導が必要な児童生徒数

文部科学省が公立小・中・高等学校を対象に実施した「日本語指導が必要な児童生徒の受入状況等に関する調査（令和 3 年度）」によると，日本語指導が必要な児童生徒数は 5 万 8,307 人で，4 年前（平成 30 年度）の前回調査より 7,181 人（14.0 %）増加しています。このうち，日本語指導が必要な外国籍の児童生徒数は 4 万 7,619 人で，前回調査より 6,864 人（16.8 %）増加。日本語指導が必要な日本国籍の児童生徒数は 1 万 688 人で，前回調査より 317 人（3.1 %）増加しています。

日本語指導が必要な外国籍の児童生徒を言語別にみると，ポルトガル語を母語とする者の割合が全体の約 4 分の 1 を占め，最も多くなっています。日本語指導が必要な日本国籍の児童生徒を言語別にみると，日本語を使用する者の割合が 28.7 %で最も多く，フィリピノ語の 21.5 %がこれに続きます。

このような児童が多数在籍する学校には日本語指導を行う教員を加配する措

置があります。

公立学校における日本語指導が必要な児童生徒数の推移

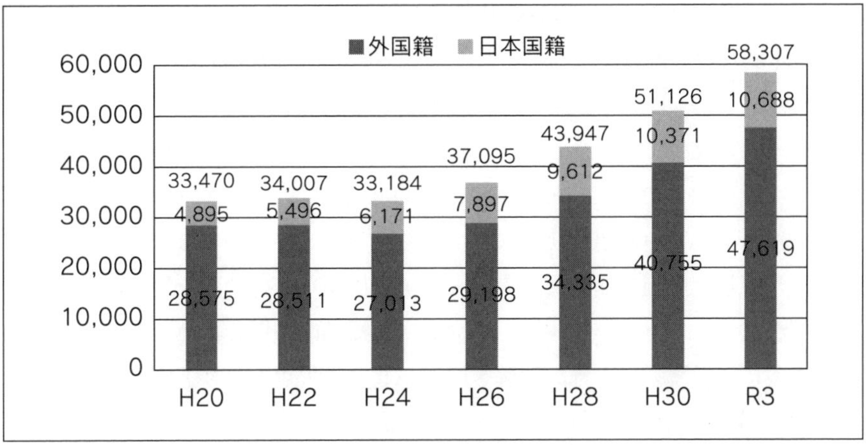

出典：文部科学省「日本語指導が必要な児童生徒の受入状況等に関する調査（令和３年度）」結果

3　日本語指導が必要な中高校生等の進路・中退状況

上記調査によると，全中学生等の進学率は 99.2 %であるのに対し，日本語指導が必要な中学生等の高等学校等への進学率は 89.9 %となっています。「高校進学の壁」といわれる問題です。

高校生等の中退率は，前回 9.6 %から 5.5 %に改善したものの，全高校生等の 1.0 %に比べると依然高くなっています。高校生等の進路状況は，大学等に進学した生徒は前回の 42.2 %から 51.8 %に改善しているものの，全高校生等の 73.4 %に比べると依然として低いままです。就職等における非正規就職率は，39.0 %（前回 40.0 %）。全高校生等の 3.3 %に比べて約 12 倍となっています。進学も就職もしていない者の割合は，13.5 %（前回 18.2 %）で，全高校生等の 6.4 %の約 2.1 倍です。

4　日本語教育における指導法

指導法には，間接法と直接法の２つがあります。学習者と教師が同じ言語を使用する場合には，日本語以外の共通言語を使う「間接法」が用いられ，それ以外は日本語だけを使って日本語を教える「直接法」が用いられることが多いです。

「直接法」は，①言語の基本を書き言葉ではなく話し言葉におく，②目よりも先に耳から言語に触れさせる，③翻訳ではなく口頭で指導を行う，④文法も語彙も文脈のなかで与えて帰納的に理解させる，などの特徴があります。「直接法」は，学習者の母語が使えなくても教えることができるなどの利点があります。しかし，規則や抽象概念の導入では，母語など媒介語を使えばスムーズに理解が進むところを，具体例を挙げながら帰納的に考えさせるなど手間がかかるうえに，学習者の十分な理解を得難いなどの欠点もあります。

なお，「英語が話せないのですが，日本語教室で教えることは可能でしょうか」とたずねられることがありますが，地域の日本語教室では特に支障はありません。大丈夫です。

第３節　日本語教育の推進に関する法律

国内の日本語教育はボランティアが約半数を担っていますが，こうした状況は日本語教育における大きな課題として指摘されてきました。

このような現状を改善するため，「多様な文化を尊重した活力ある共生社会の実現」等を目的とした「日本語教育の推進に関する法律」が2019年６月に公布・施行されました。

この法律は，「日本語教育」を「外国人等が日本語を習得するために行われる教育その他の活動（外国人等に対して行われる日本語の普及を図るための活動を含む）」と定義しています。そして，外国人の日本語習得について，国・自治体・事業主の三者の責務を明記しています。この法律の施行後は，在住外国人に対する日本語教育が国の責務となり，共生社会へ向けて大きな一歩を踏み出しました。

なお，現在は日本語教師の国家資格はありませんが，国家資格「公認日本語教師（仮称）」が創設される見込みです（2024年以降か）。

【日本語教育の推進に関する法律（一部を抜粋）】

（目的）

第１条　この法律は，日本語教育の推進が，我が国に居住する外国人が日常生活及び社会生活を国民と共に円滑に営むことができる環境の整備に資するとともに，我が国に対する諸外国の理解と関心を深める上で重要であることに鑑み，日本語教育の推進に関し，基本理念を定め，並びに国，地方公共団体及び事業主の責務を明らかにするとともに，基本方針の策定その他日本語教育の推進に関する施策の基本となる事項を定めることにより，日本語教育の推進に関する施策を総合的かつ効果的に推進し，もって多様な文化を尊重した活力ある共生社会の実現に資するとともに，諸外国との交流の促進並びに友好関係の維持及び発展に寄与することを目的とする。

（定義）

第２条　この法律において「外国人等」とは，日本語に通じない外国人及び日本の国籍を有する者をいう。

２　この法律において「日本語教育」とは，外国人等が日本語を習得するために行われる教育その他の活動（外国人等に対して行われる日本語の普及を図るための活動を含む。）をいう。

（基本理念）

第３条　日本語教育の推進は，日本語教育を受けることを希望する外国人等に対し，その希望，置かれている状況及び能力に応じた日本語教育を受ける機会が最大限に確保されるよう行われなければならない。

２　日本語教育の推進は，日本語教育の水準の維持向上が図られるよう行われなければならない。

３　日本語教育の推進は，外国人等に係る教育及び労働，出入国管理その他の関連施策並びに外交政策との有機的な連携が図られ，総合的に行わなければならない。

４　日本語教育の推進は，国内における日本語教育が地域の活力の向上に寄与するものであるとの認識の下に行われなければならない。

５　日本語教育の推進は，海外における日本語教育を通じて我が国に対する諸外国の理解と関心を深め，諸外国との交流を促進するとともに，諸外国との友好関係の維持及び発展に寄与することとなるよう行われなければならない。

６　日本語教育の推進は，日本語を学習する意義についての外国人等の理解と関心が深められるように配慮して行われなければならない。

7　日本語教育の推進は，我が国に居住する幼児期及び学齢期（満6歳に達した日の翌日以後における最初の学年の初めから満15歳に達した日の属する学年の終わりまでの期間をいう。）にある外国人等の家庭における教育等において使用される言語の重要性に配慮して行われなければならない。

（国の責務）

第4条　国は，前条の基本理念（以下単に「基本理念」という。）にのっとり，日本語教育の推進に関する施策を総合的に策定し，及び実施する責務を有する。

（地方公共団体の責務）

第5条　地方公共団体は，基本理念にのっとり，日本語教育の推進に関し，国との適切な役割分担を踏まえて，その地方公共団体の地域の状況に応じた施策を策定し，及び実施する責務を有する。

（事業主の責務）

第6条　外国人等を雇用する事業主は，基本理念にのっとり，国又は地方公共団体が実施する日本語教育の推進に関する施策に協力するとともに，その雇用する外国人等及びその家族に対する日本語学習（日本語を習得するための学習をいう。以下同じ。）の機会の提供その他の日本語学習に関する支援に努めるものとする。

第4節　松本市中央公民館日本語講座

1　教室の概要

松本市内には2022年時点で，12の日本語教室があります。学習者の背景やニーズに応じて，教室ごとに方針や学習内容が異なります。このなかで最初に創設されたのは，1996年開講の同市中央公民館日本語講座です。スタッフはボランティアで活動しています。

同講座は，原則として毎週火曜日午後7時から1時間半，松本市中央公民館（Mウイング）で実施しています。受講は無料です。学習者はレベルと習得目的に合わせて「はじめクラス」「入門クラス」「試験準備クラス」の3つに分かれます。約20名のスタッフがそれぞれ1〜2名を教えています。教え方は，基本的には日本語だけを使う「直接法」です。

①「はじめクラス」は最初級の学習者が対象で，日常のあいさつやひらが

な・カタカナから始めて，『みんなの日本語　初級Ⅰ』（スリーエーネットワーク）の７課ぐらいまでを学びます。

② 「入門クラス」では概ね，同書８課から25課，及び『同　初級Ⅱ』の26課以降を学習しています。

③ 「試験準備クラス」は，日本語能力試験（JLPT）N1〜N5の受験希望者が対象です。日本語能力試験は，日本語能力を公的に証明するテストとして位置づけられており，技能実習生やALT（外国語指導助手）等が概ねN1〜N3の取得を目指しています。日本語能力試験の合格証は，在留資格の申請手続で立証資料「日本語能力認定書」として提出します。

日本語教室は，日本語を学習するだけでなく，在住外国人の居場所や地域社会への入り口，学習者同士の交流の場にもなっています。

同講座では，新型コロナウイルス感染拡大前は，新年会やスピーチの会，食文化交流会などのイベントも行ってきました。次頁の写真（左）は，2018年12月に行われた「食文化交流会」の会場風景です。ベトナム料理の生春巻き「ゴイクォン」を皆で調理し，いただきました。にんじん，きゅうり，豚肉，卵などをライスペーパーで包みます。私にとって初めて経験する料理でした。ライスペーパーを口に入れるのに抵抗があったのですが，食べてみると美味でびっくり。普段接していない学習者とも交流ができ，楽しいひとときでした。

このほか，ブラジルの「パステル」というファストフードを作ったこともあります（写真右）。これは，ナンのような皮のなかに挽肉・卵を入れて焼いたものと，チーズを入れて焼いたものの２種類。見た目よりもボリュームがあり，１つだけでも腹が満たされるほどです。私も含めて初めて食べる人がほとんどで，「旨い！」と絶賛でした。

「パステル」を味わった同じ日には，日本人スタッフのなかでプロ並の腕を持つ男性が，蕎麦打ちの実演をしながら「ざる蕎麦」を作ってくれました。

松本市中央公民館日本語講座の「食文化交流会」（2018 年 12 月）

ブラジルのファストフード「パステル」

キーワード解説

日本語能力試験（JLPT）

日本語能力試験（JLPT）は，日本語能力の認定試験で，国内は日本国際教育支援協会，海外は独立行政法人国際交流基金がそれぞれ運営しています。認定レベルは，従来は 1 級～4 級の 4 段階でしたが，2010 年度から新試験に移行し，N1～N5 の 5 段階になりました。試験は毎年 7 月と 12 月に行われますが，海外ではいずれかの月だけ実施する都市があります。

旧試験			新試験	
級	認定基準		レベル	認定の目安 各レベルの認定の目安を【読む】【聞く】という言語行動で表します。それぞれのレベルには，これらの言語行動を実現するための言語知識が必要です。
1	高度の文法・漢字（2,000字程度）・語彙（10,000語程度）を習得し，社会生活をするうえで必要な，総合的な日本語能力（日本語を900時間程度学習したレベル）	⇒	N1	幅広い場面で使われる日本語を理解することができる。 【読む】 ・幅広い話題について書かれた新聞の論説，評論など，論理的にやや複雑な文章や抽象度の高い文章などを読んで，文章の構成や内容を理解することができる。 ・さまざまな話題の内容に深みのある読み物を読んで，話の流れや詳細な表現意図を理解することができる。 【聞く】 ・幅広い場面において自然なスピードの，まとまりのある会話やニュース，講義を聞いて，話の流れや内容，登場人物の関係や内容の論理構成などを詳細に理解したり，要旨を把握したりすることができる。

2	やや高度の文法・漢字（1,000字程度）・語彙（6,000字程度）を習得し，一般的なことがらについて，会話ができ，読み書きができる能力（日本語を600時間程度学習し，中級日本語コースを修了したレベル）	⇒	N2	日常的な場面で使われる日本語の理解に加え，より幅広い場面で使われる日本語をある程度理解することができる。 【読む】 ・幅広い話題について書かれた新聞や雑誌の記事・解説，平易な評論など，論旨が明快な文章を読んで文章の内容を理解することができる。 ・一般的な話題に関する読み物を読んで，話の流れや表現意図を理解することができる。 【聞く】 ・日常的な場面に加えて幅広い場面で，自然に近いスピードの，まとまりのある会話やニュースを聞いて，話の流れや内容，登場人物の関係を理解したり，要旨を把握したりすることができる。

			N3	日常的な場面で使われる日本語をある程度理解することができる。 【読む】 ・日常的な話題について書かれた具体的な内容を表す文章を，読んで理解することができる。 ・日常的な場面で目にする難易度がやや高い文章は，言い換え表現が与えられれば，要旨を理解することができる。 【聞く】 ・日常的な場面で，やや自然に近いスピードのまとまりのある会話を聞いて，話の具体的な内容を登場人物の関係などとあわせてほぼ理解できる。
3	基本的な文法・漢字（300字程度）・語彙（1,500語程度）を習得し，日常生活に役立つ会話ができ，簡単な文章が読み書きできる能力（日本語を300時間程度学習し，初級日本語コースを修了したレベル）	⇒	N4	基本的な日本語を理解することができる。 【読む】 ・基本的な語彙や漢字を使って書かれた日常生活のなかでも身近な話題の文章を，読んで理解することができる。 【聞く】 ・日常的な場面で，ややゆっくりと話される会話であれば，内容がほぼ理解できる。

4	初歩的な文法・漢字（100字程度）を習得し，簡単な会話ができ，平易な文，又は短い文章が読み書きできる能力（日本語を150時間程度学習し，初級日本語コース前半を修了したレベル）	⇒	N5	基本的な日本語をある程度理解することができる。 【読む】 ・ひらがなやカタカナ，日常生活で用いられる基本的な漢字で書かれた定型的な語句や文，文章を読んで理解することができる。 【聞く】 ・教室や，身の回りなど，日常生活のなかでもよく出会う場面で，ゆっくり話される短い会話であれば，必要な情報を聴き取ることができる。

2　私の経験から

私はこの教室のスタッフ（講師）を務めて2022年で13年目になります。これまで教えた学習者の国・地域は，タイ，中国，台湾，韓国，ケニア，ベネズエラ，カナダ，オーストラリア，ニュージーランド，ドイツ，米国，ジャマイカ，インド，ネパール，バングラデシュ，ミャンマー，インドネシア，マレーシア，フィリピン，フランス，ベルギー，イタリア，英国，アイルランド，ブラジル，ベトナムなど。現在（2023年）は，「はじめクラス」で日本語を一から学ぶ外国人に教えています。

私が心がけているのは，「とにかく楽しく，わかりやすく」です。ノートに絵を描いて説明したり，手帳や文房具など身の回りのレアリア（実物）を見せたり，時には全身を使って飛行機などの表現をしたりもします。日本語教室では，私が日本語の指導をしていますが，学習者からも毎回，生きる力や学びの姿勢を教えられています。冬の夜などは出掛けるのが億劫で休みたいと思うときも

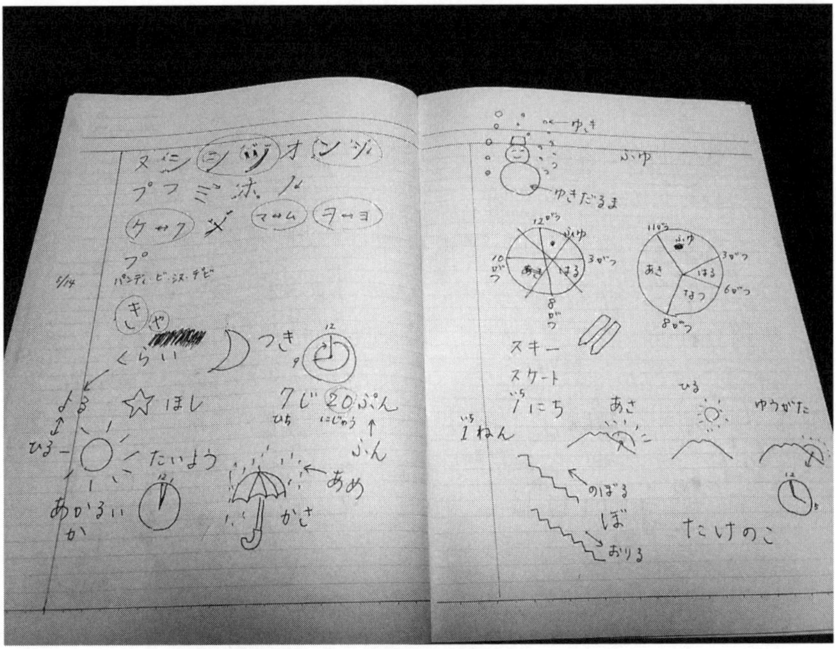

松本市中央公民館日本語講座で筆者が使っているノート。
文字を書き，図を描きながら教えています

あるのですが，教室で学習者やスタッフと接すると，帰路はいつも晴れ晴れとした気持ちになっています。複数の外国語を自分自身で学んでいる原動力も，日本語教室の学習者からいただいています。

3　教室の風景

松本市中央公民館日本語講座において，心に残ったいくつかの風景をご紹介します。この講座のスタッフとしてご一緒している童話作家川上佐貴子氏の詩集『アジアのかけ橋　やくそくするよ』にも，教室での様子が描かれています。

❶　米国人のALT（外国語指導助手）男性Aさん

Aさんの学ぶ姿勢には，いつも感銘を受けていました。教えたことは，とにかく素直に吸収する人です。自宅ではずっと日本語を聞いていると言っていました。「毎日，必ず1時間ぐらい日本語を勉強しています」とも。

スピーチの会の発表では，日本に来てから次の3つを学んだと話してくれました。

① こわがらないで。一人じゃない。

② 猿も木から落ちる。失敗しても，あまり気にしなくていい。

③ ローマは一日にして成らず。

❷ ベネズエラ人女性（日本人の配偶者）Bさん

数字を教えていたときのこと。200から900まで百の単位を並べると，「ひゃく」「びゃく」「ぴゃく」と3種類の発音が出てきました。200は「ひゃく」ですが，300は「びゃく」になり，600になると「ぴゃく」になります。Bさんは難しくて笑い出してしまいました。私も「う～ん，難しいよね」と言って，2人で大笑いです。3種類の使い分けも，立ち止まって考えたみたら法則が見えてきました。日頃なにげなく使っている日本語も，ひとつの言語として見直すと新たな発見があるものです。

ちなみに，日本人の配偶者であるBさんは，この時，松本に移り住んで3年でしたが，こちらに来て困ったことは何かと聞いたら次のように答えてくれました。

「陽気に踊れる場所がないことです」

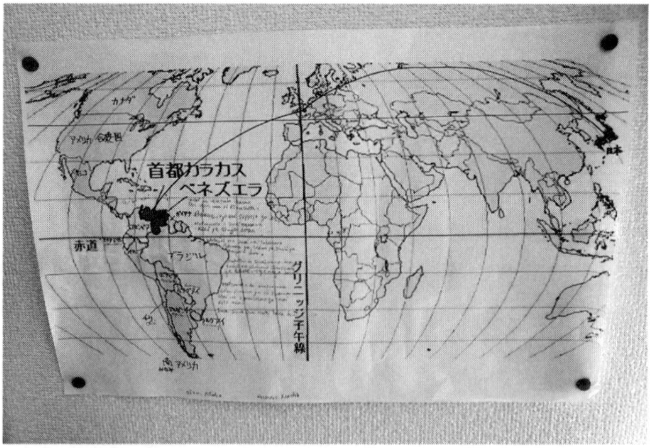

スピーチの会の発表でBさんが使用した世界地図。
カラカスから成田までは，パリ経由で約21時間

❸　フィリピン人女性（日本人の配偶者）Cさん

物や人の数え方（数量詞）を集中的に教えていました。たとえば，次のようなものです。

鉛筆一本，本一冊，マスク一枚，椅子一脚，パソコン一台，手紙一通，ダンボール一箱，スーツ一着，靴一足，たんす一棹《さお》，窓ガラス一枚，畳一畳，部屋一室／一部屋，家一軒，ビル一棟，学校一校，飛行機一機，山一山，国一国，箸一膳，皿一皿，みかん一個，握り寿司一貫，ビール一杯，友達一人，犬一匹，馬一頭，うさぎ一羽など。

1時間半ずっと，名詞それぞれの数え方を1から10まで私が説明し，それをCさんがノートに書き取っていました。Cさんは，「なぜフィリピンには1通りの数え方しかないのに，日本語はこんなに大変なのですか？」。答えに窮した私は，「う～ん」。こんなとき，日本語の難しさを前に，学習者も途方に暮れて大笑いです。

❹　マレーシア人の留学生女性Dさん

「日本語の〈は〉と〈が〉は，どう使い分けたらよいでしょうか」

Dさんから質問されました。説明のひとつに，情報の新旧の観点からの使い分けがあります。日本の昔話「桃太郎」を例にとると，書き出しはこうなっています。

「昔むかし，あるところに，おじいさんとおばあさんがいました」

「おじいさんは山に…，おばあさんは川に…」

前の文では「が」が，後の文では「は」が使われています。つまり，初めて話のなかに導入される新情報には「が」を使い，一度話のなかに導入された旧情報には「は」を使うのです。

「松本市には松本城があります」

「松本城は古いお城です」

これも同様の使い分けがされています。以上の説明をDさんにしました。

このほかにも，現象文には「が」を使い，判断文では「は」を使うという説明もできます。現象文とは，見たままの事実・感想を述べるような文で，たとえば「あっ，雪が降ってきた」。判断文は，「今夜の雪は積もりそうだ」といった性質などに関して判断を述べる文です。

また，対比を表すときには「は」を使い，「ほかならぬ」「まさにこの」という意味（排他）を表現するときは「が」を使うという説明もあります。対比の例は，「犬は飼っているが，猫は飼っていない」。排他は，「私は，この犬が世界で一番好きだ」などです。

このように，日本語をひとつの言語として見ると奥が深いのです。

❺ ネパール人女性（ネパール料理店員）E さん

「ナマステー」というネパール語があります。「おはよう」「こんにちは」「さようなら」など幅広い意味を持つ便利な言葉です。「ナマステー」を言うときは，胸の前で合掌します。ネパールを旅したことがある私は，教室でネパール人の学習者に会うといつも「ナマステー」の挨拶をしています。

「ナマステー」と同じような使われ方をする日本語に「どうも」があります。「どうも」は，「ありがとう」「こんにちは」「さようなら」などあちこちで耳にしますが，私自身は意識して使わないようにしています。たとえば感謝の気持ちを表すときは，きちんと「ありがとう」と言うべきだと考えているからです。日本語講座でも，「どうも」はなるべく使わないよう指導しています。

しかし，E さんと教室で会うといつも「ナマステー」の挨拶です。不思議なもので，言葉は通じなくても気持ちが通い合うような気がするのです。「ナマステー」は不思議な力をもった言葉です。

❻ ブラジル人男性（日本人の配偶者）F さん

いつも明るく，熱心に日本語を学んでいる F さん。剣道と居合道がそれぞれ三段の腕前で，日本の道場にも通っています。F さんがこんな話をしてくれたことがあります。

「日本語は難しいです，という言い方はダメです。日本語はやさしくありません」

どういうことかというと，前半の表現を使うと学びを遮断する方向に働きますが，後半の言い方は「容易ではないけれど，前向きに取り組もう」というベクトルが働く表現です。なるほど，言われてみて「ハッ！」としました。F さんは日本語初学者ですので，説明は手振りを交えてのこと。パワーをいただきました。

❼　米国人のALT女性Gさん

日本語の難しさのひとつに「あげる」「もらう」「くれる」などの授受表現があります。英語では，「あげる」「もらう」に相当する語はありますが，「あげる」「くれる」の区別はありません。授受表現は人間関係と視点が関係するため，習得がなかなか難しいのです。中国人の学習者に教えていたときも，教えるのに苦労しました。中国語には「あげる」「もらう」の区別がないからです。

Gさんとの授受表現の学習は3週目。いろいろな例を使って練習しました。その日も1時間半の講座の3分の2は授受表現のエクササイズです。頭がパンクするぐらい疲れたはず。「ゆっくり休んでくださいね」と言って授業を終えました。

❽　英国人男性（日本人の配偶者）Hさん

学習者から逆に教えられることも結構あります。

カタカナを書くとき，外国人にとって難しいことのひとつに「ン」と

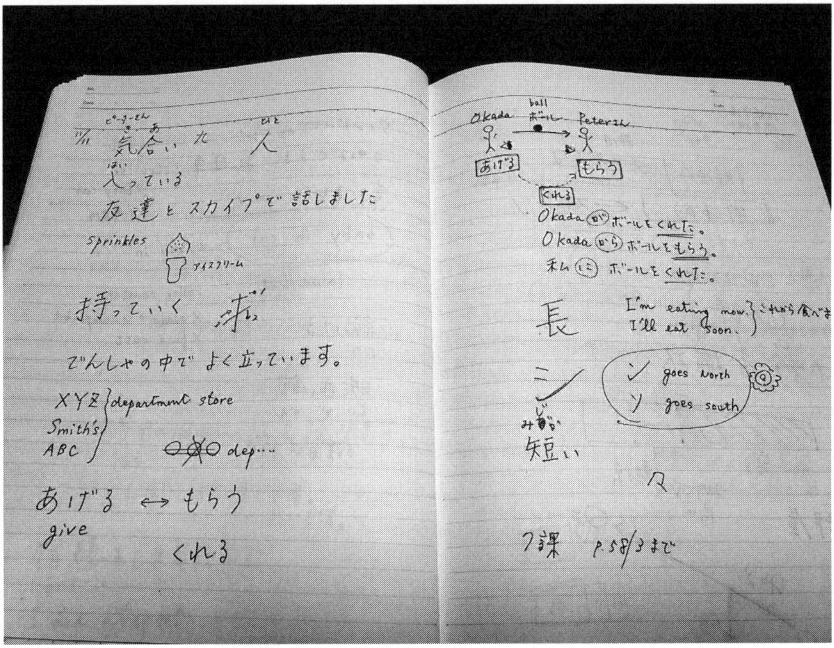

右ページの上が授受表現。その下に「ン」と「ソ」の説明があります

「ソ」の区別があります。

「ン」は下から上へ，「ソ」は上から下へ曲線を書きますが，これを教えていたとき，Hさんがこう話してくれました。

「英語では，〈ン〉の下から上へは goes north，〈ソ〉の上から下へは goes south といいます」

なるほど，上を north（北），下を south（南）というように方角で考えれば，下から上へは goes north，上から下へは goes south となります。英語ではこういう表現ができるのですね。私自身も勉強になりました。

❾ タイ人女性（日本人の配偶者）Iさん

日本語教室では個人的にびっくりすることが時々あります。Iさんに「どこに」という表現を教えていたとき（2022年7月）のことでした。

私「タイの国王は，どこに住んでいますか」

Iさん「ドイツに住んでいます」

「えっ」「どうして？」。頭の中に「？」が渦巻きました。「国王は（首都）バンコクに住んでいます」，または「王宮にいます」という答えを想定していたからです。敬虔な仏教国であるタイ王国では，国王は憲法上「尊敬し崇拝すべき地位にある」と規定されており，現国王もまた国民から敬愛されているとばかり思っていました。

しかし，調べてみると，2016年10月に即位したワチラロンコン国王はかなり奔放な生活を送っている模様で，2020年からは王室批判の反体制デモが若者を中心に続発しています。そのため，国王は2022年現在，ドイツ在住なのだそうです。

❿ フランス人男性（日本人の配偶者）Jさん

日本語教室に勉強に来る外国人のなかには，日本の伝統文化に深い関心を持っている人も少なくありません。Jさんは日本人の配偶者ですが，小津安二郎監督や黒澤明監督の映画が好きで，よく観ているそうです。

杉田成道監督，仲代達矢主演の時代劇「帰郷」のロケが2019年6月，中山道の奈良井宿（長野県塩尻市）で行われました。このとき，私は講中と旅人の役で，江戸時代の衣装とかつらを着けてエキストラ出演しました。その経験をJさんに話したところ，とても興味を示され，「私も時代劇に出てみたい」。ちなみに彼は，弁慶のような風体の男性です。

⓫ フランス人女性（会社員）Kさん

年1回行っているスピーチの会では，各国の事情についても学習者が発表してくれます。

Kさんはフランス・ナント市の出身。ナントは，パリからTGV（高速鉄道）で約2時間の同国西部の街で，「アートと文化」を中心とした都市計画がヨーロッパで高く評価されています。ナントでは巨大な機械仕掛けの象「グランド・エレファント」が世界的に有名なのだそうです。Kさんは，スピーチの会でこの「象」について紹介してくれました。木製の象のなかには25人ぐらい入ることができ，1時間かけて2〜3キロ歩くとのこと。

発表前，スピーチの原稿を一緒に考えました。Kさんは「はじめクラス」の学習者ですので，日本語を書いたり読んだりすることが難しいため，話し言葉をローマ字の原稿にしました。下の写真がそのときのノートです。

日本語は「話す」「聞く」に関しては習得がそれほど難しくないため，こ

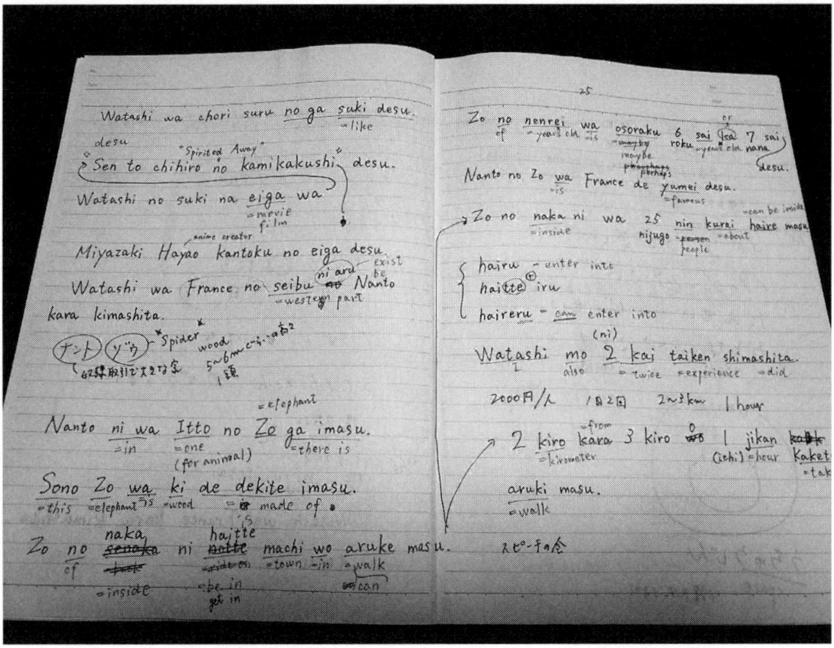

フランス人女性Kさんと一緒に考えた，スピーチの原稿

のようにローマ字で日本語の話し言葉を表現する在住外国人はほかにもいます。

⓬ 米国人のALT女性Lさん

スピーチの会でLさんは，日米の比較を話してくれました。

すべてが大きい米国と比べて，彼女は，日本の狭さにカルチャーショックを覚えているとのこと。

「人形の家にいるような感覚。コップや食器，車なども小さくて，まるでおもちゃのようです」。そして，「同じように感じているあなたは，おかしくありません」

なるほど，日本にずっと住んでいると，これが当たり前。言われてみるまでわからないことです。

⓭ 韓国人の大学生女性Mさん

Mさん一家は父親の転勤で松本に住んでおり，Mさんも釜山の大学を1年間休学して日本に来ていました。とにかく日本語教室でもよく話します。恥ずかしがらずにアウトプットすることが外国語習得の早道，というセオリーを体現しているような人でした。そして将来の夢は，「韓国の大統領になること」。Mさん一家5人と焼肉の会食をしたことがありますが，そのときも皆の前で，「私は韓国の大統領になりたい」と公言していました。日本人の親であれば，「ばかなことを言って…」とたしなめるところでしょうが。そしてMさんは，「私が大統領になったら，先生を大統領府にご招待します」とも言ってくれました。ありがたいことです。Mさんの今後に期待しています。

⓮ 中国人女性（日本人の配偶者）Nさん

日本語教室で教えるときは，基本的に私のペースで進めます。しかし時には，学習者の興味・関心に応じて流れに任せたり，楽しくなる方向に身を委ねることがあります。

日本語をゼロから学ぶNさんには，まず身近な物とひらがなを結びつける試みをしました。絵カードを見せながら，何度も発音を繰り返しました。Nさんは絵カードの「にわとり」と「たまご」にとても惹かれた様子です。数回繰り返して発音すればOKだろうと思っていたところ，延々と「にわとり」「たまご」の音読が続いてしまいました。おそらく百回を超えていたのではないでしょうか。あわや途中で酸欠になりそうでした。Nさんもぐったり疲れたと思います。次週も教室に来てくれるか心配でしたが，来てくれました。しかも，ひらがなとカタカナを書く練習を自主的にしてこられました。私は宿題を出さない方針なのですが。ちょっと感動です。

⓯　ブラジル人男性（日本人の配偶者）Oさん

2019年12月から始まったコロナ禍において，教室が数か月休講になることが何回かありました。久しぶりに開講した当日，早速Oさんは教室に来てくれました。休講の間もコツコツと学習を続けていたOさん。これまで踏み込んでこなかった漢字の習得にも意欲を示されました。そこで，新型コロナワクチン接種が話題になったついでに，「接種」という漢字に挑戦してもらいました。

とはいえ，やはり初めての漢字。各パーツを書くことに集中すると，偏と旁《つくり》が離れてしまうなどバランスを欠いた文字になってしまいます。

Oさん「先生，漢字はとても難しいです」

私「日本人は皆，子どもの時から，たくさんの漢字を書けるように努力しているのですよ」

そんな会話をしました。

素直に吸収しようとする学習者のひたむきな姿勢には毎回，私の方が元気をもらっています。そしてまた，リアル（対面）で会えることは有難いなと改めて実感した夜でした。

⓰　台湾人女性（日本人の配偶者）Pさん

「お正月の鏡餅の上には，なぜ〈みかん〉をのせるのですか」

新年交流会の席で，台湾人の学習者Pさんからこのような質問を受けました。

今まで自分では考えたことがない疑問で，返答に困りました。帰宅して調べてみたら，次のような由来があるようです。

鏡餅の上にのせる〈みかん〉は，正確には「だいだい（橙）」といいます。橙は，お菓子の神様「田《た》道《じ》間《ま》守《もり》命《のみこと》」が中国に渡り，不老不死の果物として持ち帰って，天皇に献上したもの。そして，橙は大きくなるまで木から落ちないため，長く家が繁盛するという意味があるのです。つまり，鏡餅の上にのせる〈みかん（橙）〉には，長生き，子孫繁栄という意味があるというわけです。勉強になりました。

⑰　ドイツ人男性（日本人の配偶者）Qさん

ドイツ人男性Qさんは，ワーキングホリデーを使って来日し，日本人配偶者と一緒に松本に半年間滞在していました。その間，日本語教室にも毎週通ってきてくれました。登山が好きなQさん，教室でも山の話題に事欠きません。

北アルプス・針ノ木岳（2,821m）の針ノ木雪渓では，毎年6月第1週の日曜日に開山祭「慎太郎祭」を行っており，私はこの開山祭の記念登山スタッフを務めています。「よかったら，来てくださいね」と5月にその話をしたところ，Qさんは参加してくれました。

御嶽山（3,067m）に登った当日も，「きょう登ってきました」と笑顔で教室に来てくれました。実はこの4日後，2014年9月27日には御嶽山で大規模な火山噴火があり，登山者ら58人が死亡，行方不明5人の犠牲が出ました。ただただ運がよかったとしか言えません。

Qさんは帰国後，下の写真のような絵葉書とドイツのお菓子を送ってくれました。

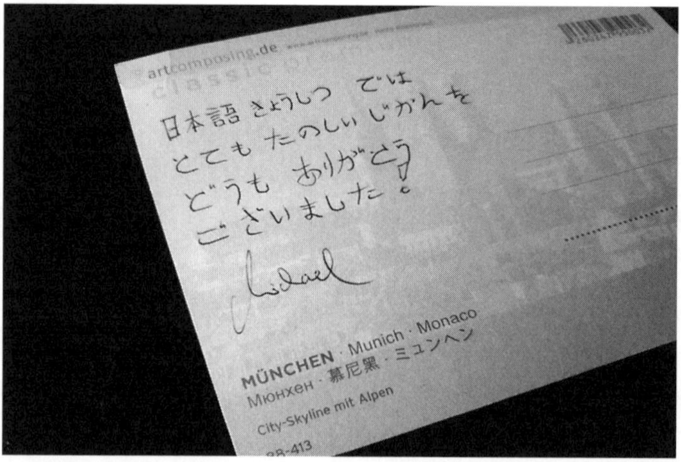

ドイツ・ミュンヘンからのお便り

⑱ バングラデシュ人女性（日本人の配偶者）Rさん，タイ人女性Iさん，ブラジル人男性Oさん（その1）

バングラデシュ人女性Rさんが初めて日本語教室を訪れました。この日は，しばらくお休みしていたIさんとOさんも加わり，日本語習得レベルが違う3人を一緒に教えることになりました。

まず，Rさんのレベルを確認するため，3人にそれぞれ自己紹介をしてもらいました。逐一，Rさんが話の内容を理解しているかどうか確かめます。この時，「わかりましたか」という質問をすると，「わかりました」「だいたいわかりました」という返答があることがあります。しかし，実はよくわかっていないことがあるため，本人の表情をよく観察したり，別の角度から質問をしてみる必要があります。さらに，自己紹介を聴きながら，頭のなかでは「さて，きょうは3人に対して，何を教えたらよいか」という授業の組み立てを模索しています。Oさんの話のなかに，教室の会場となっているMウイングという名の「ビル」と，「ビール」の対比が出てきました。そこで，この日はこれでいくことに決めました。

まず，「はし」。「日本語の〈はし〉には2つの単語があります。さて，何でしょうか？」と問いかけてみます。

「う～ん」と3人は考えます。そのうちにIさんから答えが出てきました。箸と橋です。アクセントを高低2段の高さで考えると，箸と橋はそれぞれ「高低」と「低高」になります。これを指揮棒を振るように私が手を動かしながら説明。同様に質問を続けます。「さけ」は鮭と酒。「むし」は無視と虫。「かみ」は神と髪・紙。「いし」は意思と石。「あし」は葦と足。葦がどのような植物なのかはわかりにくいので，言葉で説明したうえでスマホの検索画面も見せています。ちなみに，このように同じ音の語をアクセントで区別する働きをアクセントの弁別機能といいます。

また，音もアクセントも共通の語があります。たとえば，「した」は下と舌。「はち」は蜂と鉢。

最後に，ちょっと遊んでみました。

「鮭が酒を飲むと，どうなりますか？」

Rさんが答えてくれました。「水のなかに沈みます」

そこで，私は酔っ払ったしぐさをしてみました。3 人とも大笑いです。

⓳ R さん，I さん，O さん（その 2）

上記（18）の翌週も 3 人が来てくれました。そこで，今度は「しりとり」を試みてみました。

「〈しりとり〉という日本の遊びを知っていますか？」

3 人に尋ねてみましたが，「知りません」との回答。このような遊びはバングラデシュ，タイ，ブラジルのいずれにもないそうです。そこでまず，前回出てきた「さけ」の復習から。「鮭」と「酒」の 2 つがありましたね。

「〈さけ〉の〈け〉の字（尻字）から始まる名詞は何があるでしょうか？」

まだ「しりとり」のルールを理解できていない 3 人からは，答えが出ません。そこで私が，「けしごむ」（消しゴム）という単語をノートに書いて示しました。次は「む」で始まる名詞。「むし」（虫）がありますね，と私から解答しましたが，まだ慣れない様子。

「し」で始まるものから，次々と出てくるようになりました。「しお」→「おしり」→「りんご」。全部で 70 ほどの言葉が続きました。そのなかで，わからないという単語はその都度説明しています。「る」はなかなか難しいのですが，私から「ルーレット」を出しました。しかし，「その言葉，知らないです」という 3 人。そこで，スマートフォンの検索画面を見せて，「カジノ」「ラスベガス」など周辺情報を加えて説明したところ，理解してもらえました。

この「しりとり」を使えば，楽しみながら語彙を増やせるのではないか，というのが今回の感想です。宿題は出さない主義なのですが，「自分でも，どんどんやってみてくださいね」と 3 人にアドバイスしました。

ちなみに，「しりとり」に似たゲームが他の国でもあるかどうか，帰宅してから調べてみました。英語では「ワード・チェーン（Word chain）」というアルファベットをつなぐゲームがあるようです。インド・パキスタン・ネパールには「アンタークシャリ（Antakshari）」，韓国では「クンマリッキ」，ロシア語圏には「イグラフスロバ」があることがわかりました。

⓴ 米国人の ALT 男性 S さんら

日本に住む外国人は，箸を正しく使える人が多いのではないか。

以前から私は，そんな仮説を立てて外国人の皆さんを観察していました。日本人は学齢期前から箸を使い始めますが，自己流であっても無理に矯正されることはあまりないのではないでしょうか。私自身も，自覚的に矯正したのは中学生の頃だったと記憶しています。これに対して，来日した外国籍住民（の多く）は，最初から「正しい」箸の使い方を身につけてくるのです。

日本語講座の食文化交流会で鳥汁とキッシュを食べたときのこと。1テーブル5～6人で，5つのテーブルに分かれました。私のところにはSさんら学習者4人。手元を見てみると，全員が正しく箸を使っていました。「やはり，そうか」と，このとき納得しました。

最初から正しい型を身につけること。これは「箸」に限らず大切なことだと改めて認識した次第です。

㉑　中国人女性（日本人の配偶者）Tさん

日本語講座に通っていたSさんは，日本への帰化を希望していました。自分で帰化許可申請の手続を行い，法務局での審査を経て帰化が許可されました。そこで，Tさんになぜ日本の国籍を取り，日本に住み続けようと思ったのかを尋ねたところ，次のような答えが返ってきました。

「日本では，お財布を落としたとしても，無くならずに戻ってきますから」

つまり，日本人の国民性に好感を持たれたのです。私はTさんに感謝の言葉を述べました。

「日本を選んでくれて，どうもありがとう」

㉒　マレーシア人女性（日本人の配偶者）Uさん

日本では，お世話になった人，これからお世話になる人に対して，「ほんの気持ちです」と言って手土産などを渡すことがあります。

日本語講座では，初級者向けテキストとして『みんなの日本語　初級Ⅰ』（スリーエーネットワーク）を使っています。このテキストの第2課に，「ほんの気持ちです」が出てきます。難しい表現です。どう教えたらよいか，いつも「壁」を感じていました（ちなみに，同書第2版では「ほんの気持ちです」は削除されました）。

外国人が共同住宅に引越してきました。隣の部屋に手土産を持って挨拶に行きます。

「これからお世話になります。どうぞよろしくお願します」

「こちらこそ，よろしく」

「あのう，これ，ほんの気持ちです」

こんな会話の流れです。Uさんに聞いてみたら，こうした風習はマレーシアにはないそうです。そのため，Uさんには日本の慣行から説明しなければなりません。「こちらこそ」も丁寧に説明しないと理解してもらえません。

同じような言葉に「向こう三軒両隣」があります。引越し先で，向かい側の家3軒と左右2軒の隣家にまず挨拶に伺うことです。これもUさんに尋ねてみました。マレーシアにはこのような慣習はないとのことです。

ある国の常識が他の国では非常識である場合もあります。上記は一例ですが，文化摩擦はこうしたところから起こるのだと思います。

COLUMN　ハーフの生きづらさ

「〈滝川クリステル〉コンプレックスってご存知ですか」

以前，松本市内で受講した「子ども・若者を支える人のための養成講座」で，講師のY氏がハーフの苦労を語られました。Y氏は母親がオランダ人，父親が日本人の女性です。一見するとオランダ人かと思うのですが，生まれも育ちも日本で，日本語が母語です。以下はY氏の体験談です。

まず初対面でギョッとされ，「どこの国？（＝出身国は？）」「どっちが？（＝父母のどちらが外国人？）」「あっちの言葉話せる？」の3点セットで聞かれます。初対面なのに両親の馴れ初めにまで踏み込まれ，最後は「で，日本語話せるの？」。日本語で会話しているにもかかわらずです。ここまでを笑顔でパスしないと日本の社会では受け入れられません。

ハーフでも滝川クリステル氏のように美人でないと，「残念ね」と容赦ない「残念認定」を受け，本人は自分を欠陥商品のように感じてしまうのです。こうした日本人の期待に応えられるかどうかは生まれた時に決まっており，本人の努力ではどうにもなりません。そして，いつも他人の視線にさらされ続けると自分の軸がなくなり，アイデンティティが崩壊してしまいます。集団のなかではスケープゴートとしていじめの対象になることもあります。

さらに厄介なことは，「マイノリティー内格差」があるため，被害者グループを作ることもできません。共通点があるだけに違いがかえって際立ってしまうのです。両親がいずれもハーフでない場合は，親はハーフのわが子に対して否認か過剰反応かになりがちで，家庭内に理解者がいないという悲劇が生まれてしまいます。

そのうえ問題が起きても，学校では，「皆で話し合いましょう」などと道徳教育，国際理解にすり替えられてしまいがちです。

しかしＹ氏は，目の前の子どもの苦しみとして先生がしっかりと受け止めることが必要だと言います。そして，当該児童生徒の望むかたち（転校などで解決を図ること，「私だけは味方だ」と寄り添って孤独にさせないことが，周囲の大人には求められるのです。

第５節　母語保持教育

日本生まれであったり幼少期に来日した子どもについては，日本語教育とともに「母語保持教育」も必要です。母語とは，子どもが生後最初に身につける言語をいいます。たとえば，ブラジル人ならポルトガル語，中国人であれば中国語です。

8～9歳になれば母語が確立するため，ある程度は母語保持が可能とされるのが通常です。しかし，それよりも低い年齢だと，まわりの環境に十分配慮しなければ母語がほとんど喪失してしまうことが珍しくありません。子どもが母語を喪失してしまうと，日本語が得意ではない保護者との間では家庭内のコミュニケーションや教育が成り立たなくなってしまいます。家族との絆が薄れてしまうと，自己肯定感が低下し，アイデンティティにも揺らぎが生じかねません。

そのため，外国にルーツを持つ子どもの母語保持教育については，日本語習得・学力向上につながり，家族との絆を保つことで自己肯定感・アイデンティティの確立にもプラスであるという意味で，その重要性が認識されるようになっています。そして，自治体やNPO法人，ボランティア団体などが母語保持教育に取り組んでいます。

福岡県に住むスリランカ人のS.M.D.T. ランブクピティヤ氏（久留米大学外国語教育研究所・准教授）は，松永典子（編著）『学校と子ども，保護者をめぐる多文化・多様性理解ハンドブック』のⅣ「外国人保護者が捉える日本の学校文化―相互理解と母語・母文化保持の観点から」で，日本の小学校に通う長女との次のような会話を紹介しています（同書59頁）。

長女「お母さん，今日，日直だったよ」
母「そう。日直って何？」
長女「分からないなら　もういいや」
母「ごめんね。教えてよ」

「日直」という言葉の意味がわからなかったため，親子の間で上手くコミュニケーションが取れなくなった例です。自らが日本の学校で教育を受けていれば，「日直」という言葉の意味は常識としてわかりますが，土台となる日本の学校文化・慣習を身につけていない場合にはまったく理解不能な用語です。ほかにも，学校から配布されるお便り・プリントが読めない，担任の先生との連絡帳が書けない，学校でそろえなければいけない道具・教材（上靴，用途ごとの袋など）が理解できないなどの不都合が生じてしまいます。

ランブクピティヤ氏は，「日本語の「聞く」「話す」「読む」「書く」のどの技能についても自信を持っている私でも，知らない日本語を持ち出されて，わが子とのコミュニケーションに支障をきたして悲しい想いをすることもよくあるのです。日本語に自信のない外国人保護者が同様の場面に遭遇する頻度を考えると，どれほど辛い想いを繰り返していることでしょう」と書いています。

なお長野県では，2008年にはブラジル人学校が10校（在籍約550名）ありました。しかし，経営難での閉校が相次ぎ，2018年には「コレージオ　ロゴス」

（塩尻市）1校だけになりました。同校は2003年に開校。母国語で教育を行い，幼児から高校生まで17名が在籍していましたが，2021年12月末に閉校しました。

第9章 やさしい日本語

第1節 「やさしい日本語」とは

「やさしい日本語」とは，普通の日本語よりも簡単で，外国人にもわかりやすい日本語のことです。

阪神淡路大震災（1995年1月）では，被災地域に住む外国人も被害を受けました。そのなかには日本語も英語も十分には理解できず必要な情報・支援を受けることができない人もいました。外国人であれば英語を使えるだろうと考える人がいるかもしれませんが，それは大きな誤解です。そこで，日本にいる外国人が災害発生時にも適切な行動をとれるように考え出されたのが「やさしい日本語」です。

外国人に対して確実に情報を伝えるためには，その人の母語で伝えることが最も効果的です。在住外国人の国・地域が多くなるにしたがって，行政情報や生活情報を多言語で発信することが必要になり，実際にさまざまな分野で多言語化が全国的に進められています。しかし，すべての対象言語を多言語化することには限界があり，現実的ではありません。そこで，災害時のみならず平時における外国人住民への情報提供手段としても，「やさしい日本語」の研究・普及が多言語化と併せて行われてきました。国立国語研究所の調査では，在住外国人の6割は簡単な日本語なら理解できることがわかっています。

さらに「やさしい日本語」は，外国人が日本語習得をするためのステップになるだけでなく，子どもや高齢者，障害のある人たちにも「やさしい」日本語です。また，「やさしい日本語」を用いれば，自動翻訳やAI翻訳の際にも翻訳の精度が上がります。それだけでなく，行政書士として在住外国人から相談を受ける際も，「やさしい日本語」は不可欠のスキルになります。

「やさしい日本語」は易しく優しい，ユニバーサルな日本語なのです。

第2節　「やさしい日本語」の実例

1　「やさしい日本語」の例

「やさしい日本語」は，たとえば次のような表現方法です。

> 「津波を避けるため，高台に避難してください。」
>
> ▽
>
> **「津波《つなみ》が来《き》ます。高《たか》いところににげてください。」**

「高台」と「避難」は外国人には難しい単語です。そこで，「高台」は「高いところ」，「避難」は「にげる」に表現を直します。そして，文を短く２つに分けたうえで，漢字にひらがなでルビを振っています。日本語のなかでも漢字は，中国人など漢字を使っている外国人以外には最も習得が難しいためです。ただ，すべて漢字をひらがなにしてしまうと，逆に意味を把握しづらくなってしまいます。漢字と並んでカタカナも，日本語学習者にとっては難しいもののひとつです。

2　ハサミの法則

「やさしい日本語」で話すときの最も基本的な心得として「ハサミの法則」があります。「はっきり」「最後まで」「短く」という3つの頭文字をとったものです。

① 「はっきり」言うとは，明瞭な論理と発音で話すこと。

② 「最後まで」は，たとえば「〜なんですけど…」といったような，文末をあいまいにする表現をしないこと。

③ 「短く」は最も重要です。文が長いと相手は理解できず，集中力も途切れてしまいます。やさしい日本語ツーリズム研究会代表の吉開章氏は，著書『入門《にゅうもん》・やさしい日本語《にほんご》　外国人《がいこくじん》と日本語《にほんご》で話《はな》そう』63頁で「ハサミの法則」を次のように説明しています。

> やさしい日本語《にほんご》の話《はな》し方《かた》は，にぎり寿司《すし》を食《た》べてもらうことに似《に》ています。
> ・一貫《いっかん》ずつ握《にぎ》り
> ・相手《あいて》に食《た》べてもらい
> ・相手《あいて》が食《た》べ終《お》わって
> ・「おいしい」と言《い》ってから
> ・次《つぎ》の一貫《いっかん》を出す
> という順番《じゅんばん》です。
> 寿司《すし》も軍艦《ぐんかん》巻《ま》きのように複雑《ふくざつ》なものではダメです。シャリの上《うえ》にネタは一《ひと》つ。「トロ」「カンパチ」「タコ」のように，ネタの名前《なまえ》がそのままにぎり寿司《すし》の名前《なまえ》になるようなものがいいです。決《けっ》して桶《おけ》に入《はい》ったちらし寿司《すし》を出《だ》さないようにしてください。

3　ワセダ式

「短く」言うための実践においては，「ワセダ式」という考え方が提唱されています（同書68頁以下)。「わけて（分けて）言う」「せいり（整理）して言う」「だいたん（大胆）に言う」のそれぞれの頭文字をとったものです。

① 「分けて言う」は，次のようなものです。

・つながっている複数の文（重文）を単文に分ける。

【例】「朝起きたら新聞を読みます。」→「朝起きます。新聞を読みます。」

・名詞を形容する文（複文）を単文に分ける。

【例】「私は教師をしている弟がいます。」

→「私は弟がいます。彼は教師をしています。」

・複数つながった名詞（複合名詞）を分ける。

【例】「日本語の読み書き」→「日本語を読むことや，書くこと」

② 「整理して言う」は，情報量が多い文を必要最小限のシンプルな内容に整理すること。

③ 「大胆に言う」は，次のような表現になります。

・敬語を使わずに，「です・ます・ください」のような言葉で締める。
・漢字の言葉を避けて，訓読みの和語にする。
【例】「人を招集する」→「人を集める」
「匂いを消臭する」→「匂いを消す」
・名詞になった動詞は元の動詞で表現する。
【例】「早起きしてください。」→「朝は早く起きてください。」
・できる，できないを明確にする。
【例】「対応することはできなくはないです。」→「対応できます。」

4 その他の例

そのほか，「やさしい日本語」は以下のような表現をします。

① 語尾は「～だ」「～である」ではなく，「～です」「～ます」「～ください」などを使う。

② 尊敬語，謙譲語を使わない。
【例】「どなたですか」→「だれですか」
「袋をおつけいたしますか」→「袋はいりますか/袋は必要ですか」

③ オノマトペ（擬声語・擬態語）を使わない。
擬声語とは「ワンワン」「ピヨピヨ」など，擬態語とは「にこにこ」「じろじろ」など。
オノマトペは，子どもには伝わりやすいが，外国人が理解するのは難しい。
【例】「雨がザーザー降っています。」→「雨がたくさん降っています。」
「この手袋はもうボロボロです。」→「この手袋は，使って古くなりました。」

④ 慣用句を使わない。
【例】「腕を上げる」→「上《じょう》手《ず》になる/うまくなる」
「口が固い」→「秘密をいつも守る」

⑤ カタカナ英語・和製英語は避ける。
【例】「ペットボトル」は英語ではなく，和製英語。

⑥　あいまいな表現を使わない。

【例】「ご遠慮ください」→「〜しないでください」

「結構です」→「いりません/そうしてください」

「お手続きは，休日はなるべく避けてください。」→「平日に手続きをしてください。」

「ごみ収集車は，月曜日の9時ごろに来ます。」

→「ごみを集める車は，月曜日の午前8時30分から午前9時30分までに来ます。」

⑦　二重否定を使わない。

【例】「在留カード以外は必要ありません。」→「在留カードを持ってきてください。」

⑧　略語は使わない。

【例】「健診」→「健康診断」

⑨　受身形や使役表現をできる限り使わない。

【例】「住民税は，市町村で課税されます。」→「住民税は，市町村へお金を払います。」

⑩　図やイラストを活用する。

難しい漢字やわかりにくい文章も，図やイラストを使うことによって一目で理解できるようになります。

第3節　練習問題

それでは，練習問題をやってみましょう。

次の単語や文章を「やさしい日本語」に直してください。

①　申請する　→（　　　　　　）

②　記入する　→（　　　　　　）

③　公共交通機関　→（　　　　　　）

④　雨天決行　→（　　　　　　）

⑤　ハローワーク　→（　　　　　　）

⑥　公営住宅　→　（　　　　　　）

⑦　実印　→　（　　　　　　　　　　　　）

⑧　緊急地震速報　→　（　　　　　　　　　　　　）

⑨　身分証明書をご提示ください。

→　（　　　　　　　　　　　　）

⑩　こちらで確認いたしますので，折り返しの電話でもよろしいでしょうか。

→　（　　　　　　　　　　　　　　）

【答え】

①　申請する　→　（申《もう》し込《こ》みをする）

②　記入する　→　（書《か》く）

③　公共交通機関　→　（電車《でんしゃ》やバスなど）

④　雨天決行　→　（雨《あめ》が降《ふ》っても，やります。）

⑤　ハローワーク　→　（仕事《しごと》を紹介《しょうかい》する国《くに》の役所《やくしょ》）

⑥　公営住宅　→　（県《けん》や市《し》などが貸《か》す家《いえ》）

⑦　実印　→　（住《す》んでいるまちの役所《やくしょ》に認《みと》めてもらったはんこ。車《くるま》や家《いえ》を買《か》うときなどに使《つか》います。）

⑧　緊急地震速報　→　（強《つよ》い地震《じしん》が来《く》る少《すこ》し前《まえ》に，テレビやスマートフォンに出るお知《し》らせ）

⑨　身分証明書をご提示ください。

→　（免許証《めんきょしょう》や在留《ざいりゅう》カードを見《み》せてください。）

⑩　こちらで確認いたしますので，折り返しの電話でもよろしいでしょうか。

→　（確《たし》かめてみます。後《あと》でこちらから，あなたに電《でん》話《わ》してもいいですか。）

第４節　「やさしい日本語」の課題

1　万人共通の「やさしい日本語」？

「やさしい日本語」には，「こうすれば相手に100％伝わる」という定式があるわけではありません。日本人であっても，人によって難しい言葉（日本語）をどの程度理解できるかは個人差があるように，どの程度のレベルの日本語が「やさしい日本語」なのかは，外国人が十人いれば十人で異なってきます。簡単な挨拶ができるだけの人もいれば，日本語母語話者よりも難しい言い回しを知っている人もいます。また，国・地域によっても理解できる内容が違います。たとえば，中国人は漢字であれば理解できる範囲が広いなどです。さらに，対面か電話かなど関わる場面によっても「やさしい日本語」のレベルは違ってきます。

目の前にいる外国人が日本語をどの程度理解できるのかは，その人にきちんと向き合わないとわからないことです。そのためのトレーニングの機会のひとつは，実は地域の日本語教室なのです。日本語教室で国・地域や年齢，習得レベルの違うさまざまな学習者に教えることを通して，「その人」にとっての「やさしい日本語」を体感することができるのです。

2　認知度の低さ

文化庁が2019年度，全国16歳以上の個人を対象に実施した「国語に関する世論調査」では，「やさしい日本語で外国人に対して伝える取組みの存在を知っていますか」という問いに対して，「知っている」が約3割，「知らない」が7割弱という結果になりました。年齢別では，「知っている」が60代では他の年代よりも高く約4割。一方，「知らない」は20代以下では他の年代よりも高く7割台後半となっており，特に若年層の認知が進んでいないという結果が出ています。

このように，「やさしい日本語」という考え方は，一般にはまだまだ知られていないというのが現状です。

3 「話し言葉」としての「やさしい日本語」の普及

「やさしい日本語」については，「書き言葉」と「話し言葉」の２つに分かれます。「話し言葉」では，言葉のほかにも，身振り・手振りや顔の表情などを伝達手段として使うことができます。その意味で「話し言葉」は対面でのコミュニケーション手段としての側面がより強いとの指摘がされています。

そのため，「書き言葉のやさしい日本語」と「話し言葉のやさしい日本語」では，その活用場面が異なってきます。前者は，情報発信者から受信者への一方向の情報提供手段として活用されることが多く，これまでも行政の広報誌やホームページなどで発信されてきました。これに対して後者は，行政の窓口などの対面で，相手の理解に合わせて工夫するコミュニケーションツールとして活用されることが想定されています。

出入国在留管理庁と文化庁は2020年8月，「書き言葉のやさしい日本語」に焦点を当てた「在留支援のためのやさしい日本語ガイドライン」を策定しました。その後，「話し言葉のやさしい日本語」についても国から発信する必要が認識され，出入国在留管理庁は2022年，文化庁とともに「話し言葉のやさしい日本語の活用促進に関する会議」を設置し，同年8月29日に第1回会議，同年9月29日に第2回会議，同年10月28日に第3回会議，同年12月19日に第4回会議を開催しています。

第1回会議では，行政等が「やさしい日本語」を使うようにするとともに，外国人の側も日本語教育（特に初級日本語）の機会を使って日本語を習得していくという相互に歩み寄る姿勢，すなわち「相互理解」が必要であることなどが話し合われています。

「在留支援のためのやさしい日本語ガイドライン」

4 「やさしい日本語」の限界

「やさしい日本語」は，情報発信やコミュニケーションでのわかりやすさに主眼を置いています。そのため，制度の詳しい説明をする場合や複雑な話題を扱う場合，あるいは命にかかわる医療や人権に関する相談などを行う場面では，「やさしい日本語」をコミュニケーション手段として使うことは必ずしも妥当ではありません。

すなわち，「わかりやすさ」あるいは「やさしさ」と情報量・正確さはトレードオフの関係になることが多いのです。上記のような場面では，通訳者を交えて多言語で対応したり，翻訳ツールなど他の手段を併用して，柔軟にコミュニケーション手段を切り替えていくことが時には必要になります。

このように，「やさしい日本語」には限界があることも認識しておかなければなりません。

第10章

相談窓口の現場から

第1節　松本市多文化共生プラザ

松本市の外国人相談窓口「松本市多文化共生プラザ」において，私は2020年2月から2021年5月まで相談員（英語/日本語）を務めました。以下でまず，同プラザの概要・事業をご紹介します。

1 概　　要

松本市多文化共生プラザは，同市が2012年7月，Mウイング（松本市中央公民館）内に開設した外国人相談窓口です。同市には2022年12月末時点で4,048人の外国人が住んでおり，市内人口の1.71％を占めています。

同プラザは，「国籍，言語，生活様式の異なる住民（外国人住民）の自立と社会参画を促進し，地域社会の構成員として，安心して快適に暮らせることができる多文化共生社会の形成に寄与すること」を目的としています。同市（住民自治局人権共生課）がNPO法人中信多文化共生ネットワーク（CTN）に業務委託し，両者の協働によって運営されています。同プラザの設立経緯については，CTN理事長・佐藤友則氏（信州大学グローバル化推進センター教授）の著書『〈多文化共生〉8つの質問―子どもたちが豊かに生きる2050年の日本―』に詳しく書かれています。

松本市多文化共生プラザ

2 事　　業

(1) 6つの事業

同プラザは次の6つの事業を行っています。

① 外国人住民の自立及び社会参画の促進のための啓発に関すること。
② 多文化共生に関する情報の収集及び提供に関すること。
③ 外国人住民を取り巻く諸問題に係る相談に関すること。
④ 外国人住民の生活支援に関すること。
⑤ 支援団体の活動支援及び人材育成に関すること。
⑥ 多文化共生を推進するための交流活動に関すること。

(2) 相 談 事 業

Mウイング3階で相談（対面，電話，メール）を無料で受け付けています。英語，中国語，ポルトガル語，タイ語，日本語の相談員及びコーディネーターがいます。その他の言語は翻訳アプリ（31言語）を使い，やさしい日本語でも相談を受けています。相談員には守秘義務がありますが，相談内容は同プラザ内で共有し，協力して対応しています。

また，松本市の行政手続相談について必要がある場合には，行政窓口まで相談員等が同行して手続のサポートをします。

相談受付時間は，平日（木曜日以外）は午前10時～午後6時30分，木曜日は午前10時～午後9時，土曜日は午前9時～午後5時。お休みは，第2・第4水曜日，日曜日・祝日，12月29日～1月3日。

(3) 相談事業の実績（延べ件数）

同プラザの相談事業の実績は以下のとおりです。

2015年度　1,635件

2016年度　1,721件

2017年度　2,307件

2018年度　1,512件

2019年度　1,702件

2020年度　1,701件

2021年度　1,455件

(4) その他の事業（交流・学習・情報）

相談事業のほかに，以下のような事業も行っています。

① いろいろな国の料理教室，文化紹介などの交流活動

② 市内の日本語教室や外国語教室の紹介

③ 日本語教材の設置

④ フェイスブックなどでの多言語情報発信

⑤ メッセージボードの掲示（語学教師の募集やイベント紹介など）

⑥ 情報交流コーナー（ボランティアのミーティングなどで利用可能）

なお，コロナ禍では生活に困窮する在住外国人も多く，野菜などの食料を自発的に提供してくれる市民・団体等がいました。そのためCTNでは，同プラザの窓口を通して外国人相談者に食料やお菓子を渡していました。

第2節　相談員として

1　経　　緯

松本市多文化共生プラザ相談員を私が前記期間務めたのは，同プラザコーディネーターのM氏が産前・産後休業，育児休業を取得するにあたり，休業期間中の勤務依頼を同プラザからいただいたためです。私はCTNの会員ではありませんが，以前から同プラザの皆さんとはお付き合いがありました。また，長野県行政書士会松本支部は2015年7月から，同プラザのあるMウイングで毎月1回，第2木曜日に在留資格等の相談会を開催していますが，その相談会の立ち上げにも私は関わっています。

勤務は原則として週1回4時間。新型コロナウイルスの感染拡大が続いていた時期ではありますが，プラザに来られた外国人相談者から対面で相談を受けたほか，電話対応をしました。

2　相　　談

相談内容は，たとえば次のようなものでした。

① 在留資格変更，帰化許可申請等の手続がわからない。

② 勤務先から解雇されたため，社員寮から退去しなければならない。住む家を探している。

③ 公営住宅の入居情報がほしい。

④ 役所に提出する書類の書き方がわからないので，教えてほしい。

⑤ 日本語を学びたい。松本市内の日本語教室を教えてほしい。

⑥ 母国に所有する不動産の売却手続を教えてほしい。

⑦ 職場での人間関係に悩んでいる。

⑧ 日本人の夫からDVを受けており，離婚を考えている。どうすればよいか。

⑨ 亡くなった家族が生前，長野県内の山岳地帯での散骨を望んでいた。希

望を叶えてやりたいが，可能か。

⑩ 定年後の年金額を知りたい。

なお，政府の「新型コロナウイルス感染症緊急経済対策」により特別定額給付金が支給され，住民基本台帳に記録されている外国人も給付対象者となりました。しかし，給付金の対象となる外国人に書類が送られても，中身を確認せずに書類が入った封筒を捨ててしまったり，書類の内容を理解できないケースがありました。そこで，同プラザでは日本語，英語，中国語，ポルトガル語，タイ語の各言語で書類作成の説明動画を作成し，フェイスブックで発信しました。この英語版ナレーションは私が担当しています。

3 研　　修

同プラザでは毎月1回，全体ミーティングを開いています。相談内容等の共有のほか，内部研修を行います。相談員の期間中に私が講師として担当した研修は，調停制度と消費者法（クーリング・オフ等）です。

(1) 調停制度

外国人相談者からの相談にはDVなどの紛争事案もあります。このような相談に対しては，弁護士や法テラスを紹介するのが通例でした。しかし，解決方法には当事者同士が第三者を介して話し合うのが妥当な場合もあります。このようなルートとして裁判所の民事調停・家事調停や，弁護士会や行政書士会のADR（裁判外紛争解決手続）があります。調停やADRはほとんどの外国人には知られていません。

そこで，調停制度の概要を皆さんに理解していただきました。

(2) 消費者法

相談に来る外国人は，日本人と同様に消費者法における「消費者」です（消費者契約法2条1項）。しかし，外国人の多くは，「ことばの壁」によって情報の量及び質が制限され，交渉力も弱く，消費者トラブル等の被害にあうリスクが高くなっています。

そのため，消費者トラブルを抱えた相談者に的確な対応をすることが，同プラザにも求められています。クーリング・オフの具体的方法等を説明しました。

第11章

政策提言（松本市多文化共生推進協議会）

第1節　松本市多文化共生推進協議会

1　松本市多文化共生推進プラン

松本市の人口は23万6,447人，外国人住民数は4,048人（1.71％）です（2022年12月31日現在）。

同市は，2011年に「松本市多文化共生推進プラン」，2016年に「第2次松本市多文化共生推進プラン」，2021年に「第3次松本市多文化共生推進プラン」をそれぞれ策定し，多文化共生施策を進めてきました。第3次プランの期間は2021年度から2025年度までの5年間です。

「多文化共生推進プラン」とは，総務省の「地域における多文化共生推進プラン」（2006年）に基づいて全国各地の行政が策定するもので，松本市では2009年に「多文化共生推進プラン」を策定する方針が確認されています。このプランは，市が年次目標を定め，さらにその目標達成のうえで中心となる部課が責任を持って目標達成に向けた努力をするというものです（佐藤友則『〈多文化共生〉8つの質問―子どもたちが豊かに生きる2050年の日本―』119頁以下参照）。

プランの体系は次のようになっています。

①　コミュニケーション支援

　ア　地域における情報の多言語化

　イ　日本語及び日本社会に関する学習支援

②　生活支援

　ア　居住

　イ　防災

　ウ　教育

　エ　労働環境

オ　保健・医療

③　「多文化共生」の地域づくり

ア　地域社会に対する意識啓発

イ　外国人住民の自立と社会参画

④　推進体制の整備

多文化共生の推進体制の整備

2　松本市多文化共生推進協議会

松本市多文化共生推進協議会は，上記プラン④の「多文化共生の推進体制の整備」に基づいて，2011年に設置されました。協議会の役割は，上記プランの進捗状況を管理し，スムーズに進捗するよう担当課に働きかけ，支援することです。また，多文化共生に関する調査・研究等も行っています。

委員は現在16名で，任期は2年。有識者（2名），市民活動団体（2名），外国人集住地域（2名），外国人採用企業（1名），経済団体（1名），外国人住民（台湾，タイ，フィリピン各1名），公募（2名），関係機関（3名）で構成されています。

私は2012年3月から委員を務めており，現在5期目。第2次松本市多文化共生推進プラン及び第3次松本市多文化共生推進プランの策定にも携わってきました。

第 3 次松本市多文化共生推進プランと多文化共生推進協議会の関係図

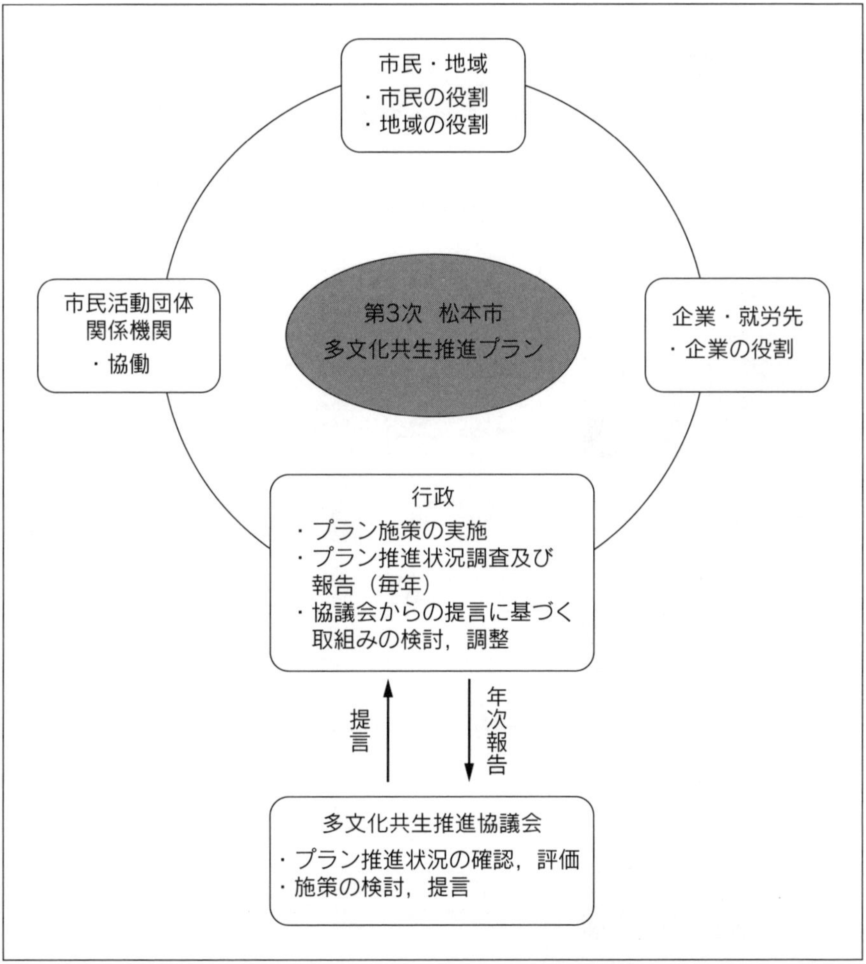

出典：「第 3 次松本市多文化共生推進プラン」44 頁

「第３次松本市多文化共生推進プラン」施策の体系

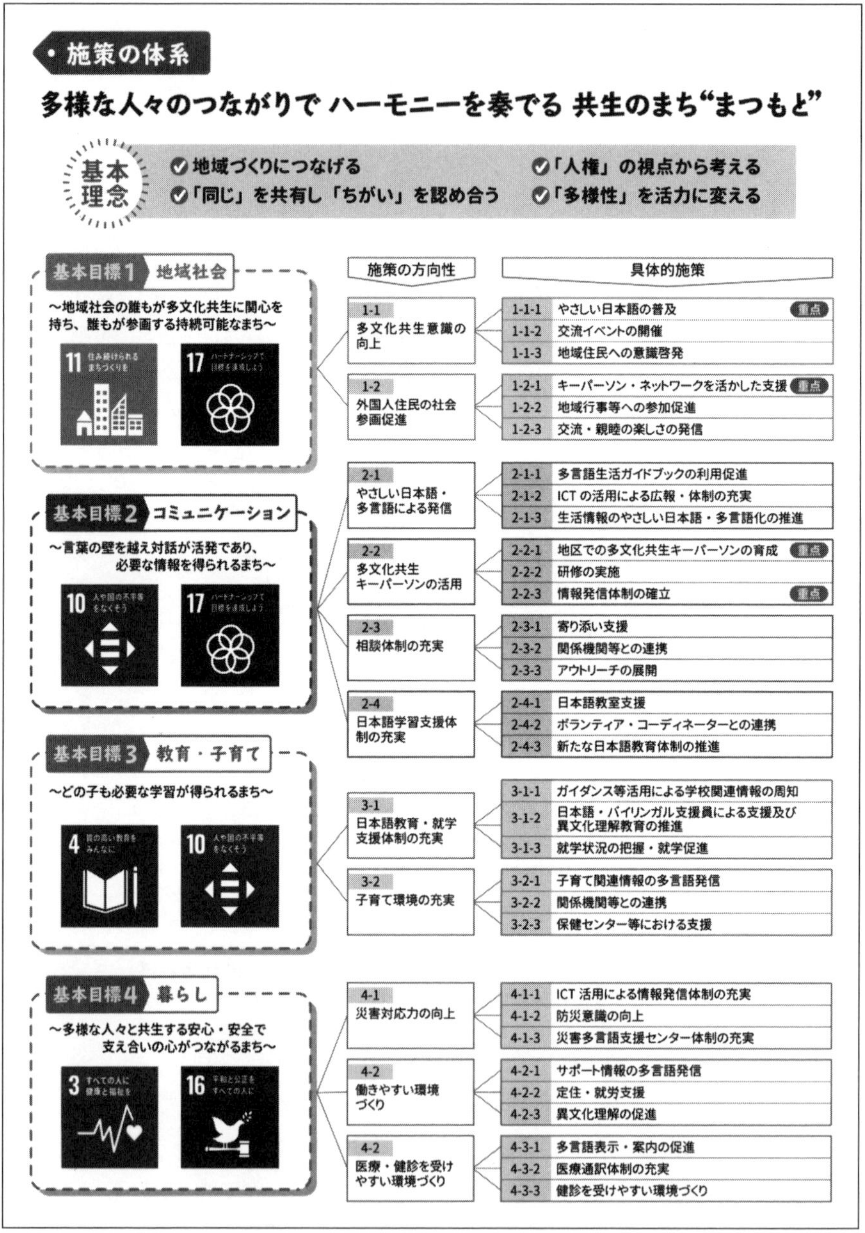

出典：第３次松本市多文化共生推進プラン（概要版）

第2節　多文化共生キーパーソン，キーパーソン・ネットワーク

1　多文化共生キーパーソン

多文化共生キーパーソンとは，行政や地域と外国人住民との間の「橋渡し役」となって活動するボランティア市民です。外国人住民が安心して生活できるように，日本人住民との交流を深めることで国籍や文化，言語の違いを超えて，つながりや助け合いのある地域づくりに携わる活動をすることが期待されています。キーパーソンには在住外国人も含まれます。

活動例として次の 4 つがあります。

① つながる

まずは地区に住む外国人とのあいさつ。外国人住民の困りごと等を把握し，その情報を松本市多文化共生プラザや市の窓口と共有する。

② つたえる

地区に住む外国人に対し有用な情報を伝えるとともに，多文化共生に関する情報を SNS 等で発信する。

③ 参加する

市や地区で開催される多文化共生関連のイベント等に参加したり，他のキーパーソンと研修会等で交流する。

④ よりそう

災害に関する情報を SNS 等で発信・伝達するほか，災害時には困っている外国人に声がけをする。

2　キーパーソン・ネットワークとは

キーパーソン・ネットワークは，多文化共生キーパーソンと行政機関（市の担当課，多文化共生プラザ，地域づくりセンター等）との連携のほか，キーパーソン同士で形成するネットワークです。ネットワークを通して，正確かつ効率的に情報を共有し，円滑な外国人住民支援につなげることが目的です。

キーパーソン・ネットワークのイメージ図は次のようなものです。

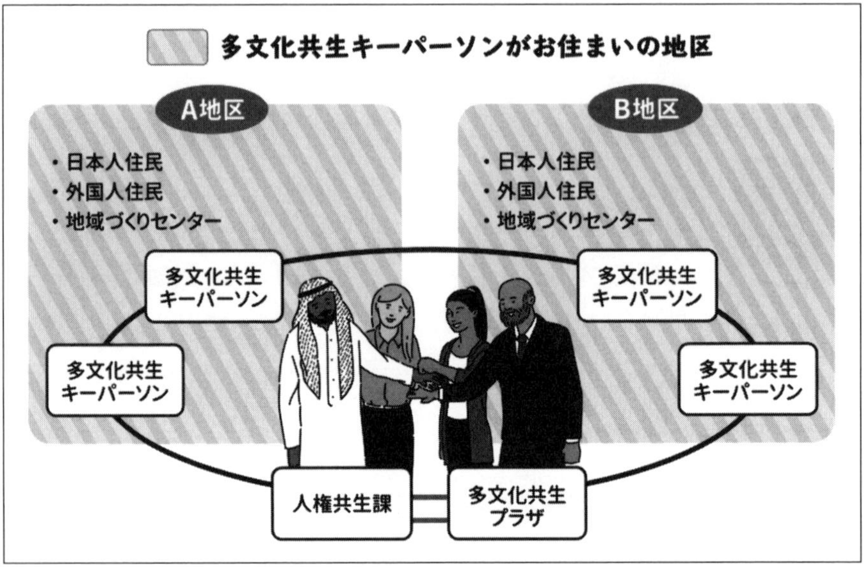

出典：第3次松本市多文化共生推進プラン（概要版）

3　キーパーソン・ネットワークの構築

実は，キーパーソン・ネットワーク構築までの道のりは遅々として進みませんでした。ようやく2021年に形になりました。私も同年4月にキーパーソンに登録しています。

松本市がキーパーソン・ネットワークの構想を考え始めたのは2010年。2011年に策定された「松本市多文化共生推進プラン」では，その柱のひとつが「キーパーソンネットワークの形成」でした。「第2次松本市多文化共生推進プラン」及び「第3次松本市多文化共生推進プラン」でも同様に，キーパーソン・ネットワークは重点施策とされています。第3次プラン（案）には，キーパーソン・ネットワークを活用した情報共有・伝達など関連施策が盛り込まれましたが，肝心のキーパーソン・ネットワーク構築が進んでいませんでした。そのため私は，協議会の席上，「まずは幹となるネットワーク構築に集中的に取り組むべきです」と申し上げています。

松本市のキーパーソン・ネットワークと同様，長野県の施策には「地域共生コミュニケーター」があります。私は2010年8月に登録しましたが，仕組みはあっても研修等はほとんどなく，どのように活動したらよいものか登録者の皆さんは困っていたはずです。地域共生コミュニケーターの会議で私は，「制度としてきちんと機能していません」と複数回苦言を呈した覚えがあります。

もっとも，地域共生コミュニケーターについては，私自身はこれを起点として多文化共生に関係する複数の活動が派生しているのは前述のとおりです。「これをやってください」と指示されるのを待つのではなく，自分の頭で考え行動すればよいのだと今は思っています。

2023年1月末現在，松本市のキーパーソンには約90名が登録しています。今後のキーパーソン及びキーパーソン・ネットワークの展開に期待したいと思います。

「地域の多文化共生に向けた意見交換会」
（2019年10月30日，松本市）

第12章

外国人集住都市会議

第1節 外国人集住都市会議とは

外国人集住都市会議とは，全国13都市（2022年現在）の自治体関係者が集まり，外国人住民に係るさまざまな課題の解決や，外国人の多様性を都市の活性化につなげる施策等について調査・研究を行う会議です。法律や制度の整備に関わる課題については，国の各省庁等に提言を行ってきました。

第1回会議は2001年5月，浜松市で開催。外国人住民との地域共生に向けた「浜松宣言及び提言」を採択し，総務省，法務省，外務省，文部科学省，文化庁，厚生労働省，社会保険庁の5省2庁に申入れを行っています。これは，基礎自治体では初めての，外国人住民の支援に対する政府への提言です。

外国人集住都市会議では，継続して研究や提言・規制改革要望を行っており，その成果として2017年7月，外国人住民に係る住民基本台帳制度が施行されています。また，会員都市間で「災害時相互応援協定」を締結し，防災体制の強化を図っています。

2019年12月は長野県上田市，2022年1月に三重県鈴鹿市，2023年1月には群馬県大泉町でそれぞれ開催されています。

会員都市は次の13都市です（2022年4月1日現在）。

群馬県：太田市，伊勢崎市，大泉町

長野県：飯田市，上田市

静岡県：浜松市

愛知県：豊橋市，豊田市，小牧市

三重県：四日市市，鈴鹿市，津市

岡山県：総社市

外国人住民に関する諸問題を俯瞰するうえで，この外国人集住都市会議における議論をフォローすることはとてもよい勉強になります。私は，2019年に開催された「外国人集住都市会議うえだ2019」の会場で議論を傍聴し，2023年の「外国人集住都市会議おおいずみ2022」はオンラインで参加しました。

外国人集住都市会議　会員データ（2020年度）

令和２年４月１日現在

都市名	面積 (km²)	総人口 (人)	外国人人口 (人)	外国人割合 (%)	国籍別 1位	同 2位	同 3位	在留資格別1位	同 2位	同 3位	特定技能 1号
					人口(人)	人口(人)	人口(人)	人口(人)	人口(人)	人口(人)	人口(人)
太田市	175.54	224,497	12,047	5.4%	ブラジル	ベトナム	フィリピン	永住者	技能実習	定住者	17
					3,152	1,873	1,628	3,914	2,298	2,109	
大泉町	18.03	41,911	7,964	19.0%	ブラジル	ペルー	ネパール	永住者	定住者	日本人の配偶者等	4
					4,600	998	478	3,038	2,518	589	
上田市	552.04	156,277	3,911	2.5%	中国	ブラジル	ベトナム	永住者	定住者	留学	1
					962	727	476	1,365	615	507	
飯田市	658.66	100,008	2,294	2.3%	中国	フィリピン	ブラジル	永住者	定住者	日本人の配偶者等	7
					978	473	318	1,143	254	147	
浜松市	1558.06	800,870	25,848	3.2%	ブラジル	フィリピン	ベトナム	永住者	定住者	技能実習	22
					9,635	4,103	3,318	11,761	4,905	2,946	
豊橋市	261.86	376,141	19,209	5.1%	ブラジル	フィリピン	中国	永住者	定住者	技能実習２号ロ	14
					8,649	4,041	1,435	6,380	5,893	1,245	
豊田市	918.32	424,053	18,398	4.3%	ブラジル	中国	ベトナム	永住者	定住者	技能実習２号ロ	28
					6,711	2,654	2,471	6,344	3,880	1,630	
小牧市	62.81	152,842	9,984	6.5%	ブラジル	ベトナム	フィリピン	永住者	定住者	技能実習２号ロ	22
					3,158	1,569	1,480	3,816	1,998	1,142	
津市	711.19	276,855	9,091	3.3%	ブラジル	中国	フィリピン	永住者	定住者	技能実習２号ロ	15
					2,195	1,459	1,440	2,707	1,591	1,109	
四日市市	206.45	311,527	10,769	3.5%	ブラジル	中国	韓国	永住者	特別永住者	定住者	4
					2,405	1,594	1,467	3,316	1,372	1,357	
鈴鹿市	194.46	199,487	8,714	4.4%	ブラジル	ペルー	中国	永住者	定住者	技能実習２号ロ	16
					3,158	1,171	989	3,585	1,910	525	
亀山市	191.04	49,553	2,105	4.2%	ブラジル	ベトナム	中国	永住者	定住者	技能実習２号ロ	3
					688	431	268	636	359	329	
総社市	211.90	69,353	1,755	2.5%	ベトナム	ブラジル	中国	技能実習２号ロ	永住者	技能実習１号ロ	0
					888	279	174	578	338	330	

第 2 節 | 外国人集住都市会議うえだ 2019

「外国人集住都市会議うえだ 2019」が 2019 年 12 月 26 日，長野県上田市で開催されました。来場者数は約 380 名。このとき，私も初めて会議に参加しました。

2019 年 6 月の「日本語教育推進法」施行を受けて，主に「日本語教育施策の充実」について「うえだ宣言」が出されましたが，浜松市長や上田市長からは席上，国（出入国在留管理庁，総務省，文科省，文化庁）の担当官に対して，以下のような厳しい意見・要望が述べられました。出入国在留管理庁からは次長が出席しています。

① 新制度下で受け入れる外国人は，地域経済の担い手であるとともに，地域でともに暮らす生活者であるが，このような視点が不十分である。

② 教育や社会保障など総合的施策の実施を担保する基本法を制定すべきだ。

③ 外国人施策の司令塔機能を持つ「外国人庁」のような組織へ，出入国在留管理庁の格上げを要望する。

④ 外国人住民が日本語を学ぶ体制の整備が急務である。

すなわち，ボランティア頼みではなく，国や自治体，事業主がそれぞれの役割を果たし，連携して取り組んでいくための仕組みの構築が必要である。

⑤ 外国人児童生徒の不就学をゼロにすることは条約上の義務である。

⑥ 就学前児童及び高校生（高校受験生を含む）のサポートが不可欠である。

すなわち，高校進学を希望する外国人児童生徒等がスムーズに，義務教育課程から高校教育課程へと移行することができるよう，義務教育課程の早い段階から高校進学後の進路について考えることができる機会をつくることが必要である。

また，外国人高校生の高校中途退学率は全高校生と比べて格段に高くなっている。高校入学後も支障なく高校教育課程での教育を受けられ，自身のキャリアを形成できるよう，国は必要な人的体制の充実と財源措置を講じてほしい。

「外国人集住都市会議うえだ2019」の会場風景

「うえだ宣言」の内容は以下のとおりです。

外国人集住都市会議うえだ2019
うえだ宣言

外国人集住都市会議は，外国人との共生社会を実現するために地域で顕在化する諸課題の解決策等，さまざまな取組を推進するとともに，法律や制度の整備に関わる課題については，国の各省庁等に提言を行ってきた。

現在，我が国に在住する外国人は280万人を超えて過去最高を数え，近年ではアジア諸国からの入国が増加するとともに定住化が進行している。本年は，国が深刻な人手不足対策に対応するため，新たな在留資格として「特定技能」を4月から認めるなど，即戦力となる外国人材の受入れに大きく舵をきる節目の年となった。政府は受入れにあたり，日本人と外国人が安心して安全に暮らせる社会の実現に寄与するための「外国人材の受入れ・共生のための総合的対応策」を策定し，政府が一丸となって当施策を強力に推進していくとした。

これら対応策の一つに「日本語教育の充実」が謳われている。この様な中，本年6月に「日本語教育の推進に関する法律」が施行された。日本社会において，外国人の子どもたちが自らの未来を切り拓いていくためには，日本語教育環境の強化を行うことが重要であることは紛れもない事実である。子どもたちへの教育を地方自治体と国が共同で責務を負い，教育機関及び保護者と力を合わせて取り組まなければならない。世界人権宣言でも，すべての子どもが義務としての初等教育を無償で受けられなければならないとしている。国籍や年齢によらず，全ての子どもに教育への権利を保障することは私たちの義務である。また，外国人の多くの子どもにとっては，日本語や母語に対する学習への支援があってはじめて教育への権利が公平に保障されることも忘れてはならない。日本語学習への支援と母語へ配慮する重要性については，先の法律に明記された通りである。

また，日本語教育にあたる指導者には，言語形成期にある年少者への指導と成人への指導とではまったく異なった資質や能力が必要とされる。国は，そのことを踏まえた上で日本語教育指導者の養成に力を入れるとともに，彼らの安定的な生活が営めるよう就労環境や給与の向上につながるような仕組みを創る必要がある。

この法律を足場として共生社会への歩みを進めるため，地方自治体が日本語教育や就労等の環境を強化できるよう，国による制度設計や支援を要望する。

国が多文化共生施策全般の推進についてその責任を果たすためには，省庁間はもとより，地方自治体，事業者，教育機関，その他関係機関と連携し，地域でこれまでに培ってきた豊かな手法を取り入れながら，地方自治体で必要とするあらゆる世代に向けた多文化共生施策の展開が必要である。

外国人集住都市会議は，多文化共生施策の充実に向けて，国籍や年齢などにとらわれず，一人ひとりがもつ個性と能力を活かしながら自らの生活を築いていくことができる社会の構築を目指して，取組を一つひとつ着実に進めていく。

2019年12月26日
外国人集住都市会議

第3節 外国人集住都市会議 SUZUKA 2021

2022年1月28日には，「外国人集住都市会議 SUZUKA 2021」が三重県鈴鹿市で開催されました。2019年12月以降の新型コロナウイルス感染拡大によって，在住外国人は特に，在留資格や生活・雇用等あらゆる分野で困難に直面しました。オンライン視聴（申込者480名）で行われたこの会議では，「ことばの壁」が深刻な問題であることが強調され，日本語教育の問題に焦点をあてて議論がなされています。

「SUZUKA宣言」は，次のような内容です。これまでの外国人集住都市会議では初めて，多文化共生を推進する法律の制定を唱えているのが特徴的です。

「外国人住民が“生活者”として日本人同様にこの国で暮らすことができるよう，国，自治体，関係機関，企業等が連携し，多文化共生社会の推進に取り組んでいかなければならない。

その取組みを早急に実現するためには，これまでのように多文化共生の分野から各施策に訴えていくのではなく，教育，就労，福祉，防災など，あらゆる分野から多文化共生を考えていく体制づくり，つまり基本となる法律の制定と今後の施策を省庁横断的に推進していく「(仮称) 多文化共生庁」が不可欠である。」

また，「SUZUKA宣言に伴う具体的な提言」も，以下のように各省庁に提出されています。

総務省	国内で外国人住民が日本人と同様の公共サービスを享受し，生活できるよう，日本人・外国人を問わず，地域主体の取組を担う人材・組織の育成や交流・連携の取組強化を求める。
出入国在留管理庁	(1) 国と地方の役割を明確にした上で，国において創設された制度など，地方自治体が統一して活用できる情報については，日本語の情報と遅延することなく，国において一括して多言語化するとともに，動画の作成など情報媒体の多様化を求める。 (2) 有事の際，広域での派遣が可能となる通訳に係る人材バンク制度（仮称「通訳バンク」）の創設を求める。 (3) 各省庁が連携し国主導により，地方公共団体，企業，日本語教育機関等と共に，外国人材が意欲的に参画でき，かつ，入国時から切れ目のない日本語学習機会を提供する仕組みの整備を求める。 (4) 外国人住民の日本語学習意欲を高めるインセンティブ制度の設計並びに在留資格取得や更新の際の優遇制度の導入を求める。 (5) 施策実施の担保となる基本法の制定並びに施策を省庁横断的に推進していく担当組織「（仮称）多文化共生庁」の設置を求める。 (6) 外国人受入環境整備交付金による引き続き十分な財政支援を求める。
文部科学省	(1) 認可校，無認可校を問わず，外国人学校で学ぶ児童生徒の状況を全自治体が把握できる仕組みづくり（学齢簿の編纂等）を求める。 (2) ICT を活用した日本語教育の推進のため，学校だけでなく，外国籍児童生徒の家庭を含めた要保護以外の必要な家庭に対するインターネット環境整備費用の負担を求める。 (3) 外国人の子どもの就学義務化など，地方自治体任せではない不就学を生まない仕組みの整備を求める。 (4) 外国にルーツを持つ青少年への職業意識の醸成や自らの将来を考える研修，就業に関する情報の提供など，包括的なキャリア形成過程への支援の充実を求める。
文化庁	日本語教師資格を早期に国家資格とし，全ての地方自治体に日本語教師を配置するための財政的支援を含めた仕組みの構築を求める。
厚生労働省	外国人労働者に対する日本語教育に関する事業所の責務の明確化及び日本語学習支援に必要な事業所への直接の財政的支援を含めた実効性の高い仕組みの構築を求める。

経済産業省	外国人労働者に日本語教育機会を提供するとともに，日本人労働者側に対しても，外国人労働者とのコミュニケーション能力を向上する取組（やさしい日本語研修等）を行うべく，双方に向けた取組に対する財政的支援等を求める。

2022年1月28日
外国人集住都市会議

明治大学国際日本学部の山脇啓造教授は，一般財団法人自治体国際化協会「多文化共生ポータルサイト」のコラムで，「外国人集住都市会議 SUZUKA 2021」について次のように総括されています。

> 第一に日本語教育の推進です。現在，日本では文化庁（国語課）が担っています。一方，諸外国では，例えば，ドイツの統合コース（ドイツ語とオリエンテーション）を担っているのは，内務省の連邦移住難民庁ですし，パネル討論で話題になったフランスも，内務省管轄のフランス移民統合局がフランス語研修や市民講習を担っています。韓国の社会統合プログラム（韓国語・韓国文化と韓国社会理解）を担っているのは法務省の出入国・外国人政策本部です。日本版「統合コース」を担うのは，文化庁でしょうか。それとも入管庁でしょうか。あるいは，「やさしい日本語」のように両庁が連携して取り組むのがよいでしょうか。もし，入管庁が（文化庁と連携して）担うとすれば，日本語教育推進法の所管省庁に文科省と外務省だけでなく，法務省も加わることが望ましかったでしょうか。
>
> 第二に多文化共生施策の推進体制です。2018年7月に「外国人の受入れ環境の整備に関する業務の基本方針について」が閣議決定され，法務省が一元的に「外国人の受入れ環境の整備に関する企画及び立案並びに総合調整を行う」こととなり，「外国人材の受入れ・共生のための総合的対応策」が策定されました。同方針には，「その司令塔的機能の下，関係府省が連携を強化し，地方公共団体とも協力しつつ，外国人の受入れ環境の整備を効果的・効率的に進める」ともありますが，入管庁が開設されてからのほ

ぼ 3 年間，「総合調整」を担うことはできても，「司令塔」となって，関係府省を束ねているといえるでしょうか。そもそも，入管法にも法務省設置法にも，外国人支援や共生社会への言及が全くなく，「司令塔」を担う法的根拠が弱いといわざるをえません。筆者は2002年以来，多文化共生社会基本法の制定を唱えてきました。家族帯同を認める在留資格「特定技能 2 号」の運用が始まろうとしている今こそ，多文化共生社会づくりの基本法が必要ではないでしょうか。

第三に省庁間，特に総務省と法務省の連携です。「地域における多文化共生推進プラン」（2006 年）を策定して以来，総務省は自治体の多文化共生施策を支援してきました。2017年には全国の自治体等の取り組みの好事例を集めた「多文化共生事例集」を作成しました。2020 年にプランが改訂され，2021 年には新しい事例集も作成されました。一方，2019 年 4 月以来，入管庁は全国の自治体が「一元的相談窓口」の整備・運営を支援する外国人受入環境整備交付金事業を進めています。また，2020 年 7 月には，外国人支援の拠点として外国人在留支援センターが開設されました。今後は，総務省と法務省（入管庁）がより密接に連携して自治体支援に取り組むことが望ましいと思います。特に，コロナ禍で浮き彫りになった情報の多言語化の課題に関して，総務省の外郭団体である自治体国際化協会と外国人在留支援センターの連携が重要になっているといえます。

第13章

インバウンド

第1節 インバウンドとは

インバウンド（Inbound）とは，日本以外に居住する外国人が日本を訪れ日本国内を旅行するのことをいいます。外国からの訪日外国人旅行をインバウンド，逆に日本から外国へ出かける旅行をアウトバウンド（Outbound）といいます。観光マーケットは，国内旅行，海外旅行及びインバウンドの3本柱で成り立っています。

観光は，「何かの目的をもって，自由になる時間で，自らの意思により，日常生活圏から離れて，楽しむ旅行」（『新版　インバウンド実務主任者認定試験　公式テキスト』14頁）と定義されます。日本は2003年，当時の小泉純一郎首相のもとで初めて「観光立国宣言」がなされました。急速に成長するアジアをはじめ世界の観光需要を取り込むことにより，雇用機会の増大や地域の活性化を期待するものでした。2006年には観光基本法を全面改定し「観光立国推進基本法」が制定され，翌2008年には国土交通省の外局として「観光庁」が新設されています。

日本は，「自然」「文化」「気候」「食」という観光振興に必要な4つの条件を兼ね備えた，世界でも数少ない国のひとつです。世界経済フォーラムが2022年5月に発表した「Travel & Tourism Development Index 2021（2021年旅行・観光開発指数レポート）」では，日本が初めて1位を獲得しました。「旅行と観光関連の持続可能性」や「インフラ（社会基盤）」が大きくポイントを上げたことが要因のひとつです。この調査は2007年から始まり，世界117の国・地域を対象にしたものです。同じ月に観光庁が発表した報告書「アフターコロナを見据えた観光地・観光産業の再生に向けて」では，観光が「成長戦略の柱」「地方創生の切り札」であると明記されています。

観光は経済的効果だけでなく，文化的効果や社会的効果をもたらすものでもあります。このうちインバウンドには各種交通業者，宿泊業者，飲食業者など多くの主体が関係していますが，観光ガイドでは「全国通訳案内士」「地域通訳案内士」が重要な役割を担っています。

第2節　通訳ガイドの実務

1　全国通訳案内士とは

全国通訳案内士（英語標記：National Government Licensed Guide Interpreter）とは，観光庁が実施する国家試験「全国通訳案内士試験」に合格して，報酬を得て通訳ガイドを行う国家資格者です。全国通訳案内士の資格は語学系で唯一の国家資格で，仕事内容から「民間の外交官」とも呼ばれます。

通訳ガイドは，訪日外国人観光客に付き添い，外国語を用いて日本国内の旅行案内をします。全国通訳案内士試験は，英語，フランス語，スペイン語，ドイツ語，中国語，イタリア語，ポルトガル語，ロシア語，韓国語，タイ語の10言語があり，年1回実施されます。語学力に加えて日本の歴史，地理，文化，一般教養など幅広い知識が試験でも要求され，専門性の高い業務であることから，黒川康正『資格三冠王』（実業之日本社，1982年）では，弁護士，公認会計士と並び通訳案内士も「資格三冠」のひとつと評価されています。しかし，一般には「通訳案内士」という専門職の存在ははあまり知られていません。

従来の通訳案内士法（1949年施行）では通訳案内業は通訳案内士の業務独占でしたが，改正通訳案内士法が施行された2018年1月4日からは名称独占に変更されました。現在の名称は全国通訳案内士です。この法改正で，ガイドできる地域を限定した地域通訳案内士制度も新設されています。また，無資格者でも有償で通訳ガイドが行えるようになりました。

私は2017年に全国通訳案内士（英語）登録を，2021年には安曇野市地域通訳案内士登録をしています。

地獄谷野猿公苑（長野県山ノ内町）

2　通訳ガイドの実務

新型コロナウイルス感染症が拡大した2020年2月以降，通訳ガイドの仕事が激減しました。日本政府観光局によると，2019年には過去最多の約3,188万人が訪日していましたが，2022年1～7月の訪日外国人観光客数は65万2,130人で，2019年同期の3％程度でした。私も2018年5月から通訳ガイド実務を行っていますが，2020年2月27日を最後に，以後の予約がすべてキャンセルとなりました。実務が復活したのは2年半後の2022年9月8日です。コロナ禍の間，インバウンド業界は冷え切ってしまい，全国通訳案内士の中には廃業や転職に追い込まれる人も相次いでいます。コロナ禍が終息しインバウンドが回復する頃には通訳ガイドが不足することも懸念されています。逆に言えばコロナ明けの時期こそ，新たに通訳案内士の資格を取得し，実務に就く絶好の機会だともいえましょう。

第2節　インバウンドと多文化共生

インバウンドで外国人観光客が日本全国を訪れることにより，さまざまな効果が生まれます。

まず，外貨の獲得，雇用の創出など経済的な効果がありますが，それだけでなく，インバウンドは地域の活性化にもつながります。つまり，外国人観光客が地域を評価することを通して，地域住民が地域の魅力を再発見し，改めて自分の地域に誇りを持つようになります。また，地域の祭りや伝統工芸が外国人の目から高く評価されれば，それら伝統文化の担い手が生まれ，文化が後世に継承されることにもなります。

そして，地域に外国人観光客を呼び込むためには，その地域独自の観光資源である「地域の宝」を発掘し創造することが必要になります。その際，その地域に住む外国人から本国の国民性や嗜好などの情報を提供してもらえば，それは有益なアドバイスとして生きてくるはずです。また，地域の外国人と日本人が日常的にそのようなつながりを持つことが，お互いの文化的ちがいを理解し協働する関係性を築くことにもなります。インバウンドの基盤づくりへの貢献は，在住外国人にとって「輝くステージ」になるといえましょう。

インバウンドでは，訪日外国人旅行者が「訪日前に期待したこと」「今回したこと」「今回訪日した人のうち満足した人の割合」「次回したいこと」のいずれも，「日本食を食べること」が1位となっています。ただ，訪日外国人旅行者のなかには，ハラール・ハラームという生活のガイドラインを守っているムスリム（イスラム教徒）や，肉・魚などの動物性食品を食べないベジタリアン（菜食主義者），各種の食物アレルギーを持った人がいます。通訳案内士は通訳ガイド実務において，これらの人たちへの対応も日頃から心掛けています。多文化共生社会を築くうえで「食」というテーマも重要になってきますが，この分野でも通訳案内士の知識・経験が求められるはずです。

鶴岡八幡宮（神奈川県鎌倉市）

COLUMN　外国語の学習

「あなたは英語をどのように勉強したのですか？」

日本人からも外国人からも，こう尋ねられることがよくあります。

このような質問をする人は，「米国の大学を卒業しました」「仕事で海外に長く住んでいました」などの返答を期待している場合が多いのではないでしょうか。しかし残念ながら，私は日本で生まれ育ち，留学したり海外で仕事をした経験などもありません。ですから，一応の答えを求めている相手には，「お母さんがフランス人なのです」などと冗談を言ってその場をしのいできました。そのため，ちょうどよい機会ですので，私の外国語学習法をご紹介します。

この本を書いている現在，英語のほかにフランス語，イタリア語，ロシア語，スペイン語を学んでいます。

フランス語，イタリア語，ロシア語は大学の教養課程で履修した外国語です。

いずれも中途半端なまま放置していたため，しっかりと勉強し直そうと考えています。スペイン語は，通訳ガイドのゲストがメキシコ人だったり，スペイン語圏の住民が関係する仕事をすることがあるなど，理解しておいた方がいいなと思う場面が最近ときどき出てくるためです。

さて，このように並行して複数の外国語を学んでいますが，これは子育てに似ているのではないかと私は考えています。いわば，生まれたばかりの赤ちゃんや小学生の娘，ある程度成長した息子など５人の面倒を見ているお父さんといったところです。

まず英語について。2016 年の通訳案内士試験に合格し，2017 年に全国通訳案内士（英語）登録をしました。2021 年には安曇野市地域通訳案内士登録もしています。中学入学後にスタートした英語学習は，学校の授業と並行して NHK ラジオ講座（「基礎英語」「続基礎英語」など）を聴講してきました。大学受験では鈴木長十・伊藤和夫編『基本英文 700 選』（駿台文庫）を 100 回以上，反復・暗唱して頭に叩き込みました。その後，何年も中断した期間は複数ありますが，今も 2，3 か月に 1 回まわすペースで，移動時間などに繰り返しています。野球や剣道の素振りで「型」を体に染み込ませるのと同じような感覚だと思います。『基本英文 700 選』は初版が 1968 年発行，2002 年に『新・基本英文 700 選』と改名されて現在に至るロングセラーの名著です。伊藤和夫先生には大学浪人中，駿台予備学校（東京・神田駿河台）で直接ご指導いただいています。NHK 講座「ラジオビジネス英語」は毎日聴講しています。また，市立図書館で洋画 DVD を借りてきて，教養も兼ねて視聴したり，フェイスブック・ページ「Robert Okada Office」で発信をしています。そのほか，通訳ガイドや翻訳，司法通訳などの実務はすべて，英語の勉強に直結しています。

フランス語は，東京で勤務していたとき，短期間ですが「アテネ・フランセ」（東京・神田駿河台）に通っていたことがあります。余裕があれば，ネイティブに直接指導してもらうのが最も効果的な外国語学習法だというのが実感です。2021 年夏に東京 2020 大会が開催されましたが，オリンピック・パラリンピックの第一公用語は英語ではなく，実はフランス語です。同大会のボランティア（海外要人アテンド）も務めましたので，東京五輪までにフランス語を一定レベルまで高めようと目標を立てました。今は全国通訳案内士（フランス語）の資格取得を目指しています。NHK ラジオ講座「まいにちフランス語」を聴講しているほか，フェイスブック・ページ「Robert Okada Office」ではフランス語でも発信しています。

イタリア語は，フランス語の次にマスターしようと計画していた外国語です。数年前から細々と学習していましたが，東京 2020 大会で習得の意欲に火がつきました。英語でアテンドをした要人がイタリア国籍で，同行していた秘書 2 人もイタリア人。専用車での移動中には，3 人の機関銃のようなイタリア語会話が飛び交っていました。NHK ラジオ講座「まいにちイタリア語」を聴講しながら，イタリア語検定の受験を通して段階的なステップアップを図っています。

ロシア語は，ロシアのウクライナ侵攻，ウクライナ避難民の来日をきっかけに学習を再開しました。他の言語と同様に，NHK ラジオ講座「まいにちロシア語」を聴講しています。大学時代からかなりのブランクがあるのですが，今でもロシア語の単語などがフラッシュバックのように頭に浮かんでくることがあります。これを解消してすっきりしたい，というのも学習の動機のひとつです。宇宙開発の分野ではロシア語は必須です。JAXA（宇宙航空研究開発機構）は 2021 年度，13 年ぶりに宇宙飛行士候補者選抜試験を行いました。ちなみに，私もこの試験を受験（エントリー）しましたが，書類選抜（健康診断結果・健康状況申告による審査等）で落とされてしまいました。

2022 年秋から学び始めたスペイン語も含めて，これらの「子どもたち」を順次育てた後は，ドイツ語と中国語の学習も加えたいという野望を持っています。中国語は大学の教養課程で履修し，ドイツ語はベルリッツ（東京）に短期間通っていたことがあります。

以下では，これら外国語を学習するうえで私が心掛けていることをまとめてみました。

(1) ストックとフロー

英語を例にとると，核になる教材（『基本英文 700 選』）は徹底的に繰り返しています。これがストック。フローは，NHK ラジオ講座や英字紙（オンライン），YouTube などです。ストックとフローの両方を組み合わせることで，語学学習の定着と進歩が図れると考えています。

(2) NHK ラジオ講座の聴講

英語，フランス語，イタリア語，ロシア語，スペイン語はすべて，NHK ラジオ講座を聴講しています。これらの講座のよい点は，学習内容が工夫されているほか，何度でも聞き直せる仕組みができていることです。費用もテキスト代ぐらいですみます。私は，スマートフォンにダウンロードした「らじる★らじる」と「NHK ゴガク」を併用しています。「NHK ゴガク」では再放送を 1 週間いつでも聴けるのでとても便利です。気に入った講座があれば，CD や音声ダウンロードチケットを購入することもできます。ただ，「いつでもできる」は「いつまでも，やらない」になりがちなので，できる限りリアルタイムの放送を聴くようにはしています。

(3) 記憶の仕方

私は子どもの頃から記憶力に自信はありませんでした。ですから，人が 3 回で覚えられることは，自分は 5 回繰り返して頭に定着させればよいと考えてきました。年齢とともに記憶力が落ちたと嘆く人がいますが，反復する回数をその分増やせばよいだけだと私は思っています。

(4) スキマ時間・細切れ時間の有効活用

机の前に座って本を読んだりするのだけが勉強ではありません。『基本英文 700 選』や他の言語の例文付き単語集などは，ちょっとした待ち時間やスキマ時間に目を通しています。NHK ラジオ講座は 1 回 15 分ですから，15 分のユニットがあれば 1 つ消化することが可能です。「時間がない」と言って学習しないのは，実にもったいないことです。

(5)「発音」の重視

外国語の学習において，正確な「発音」は重要だと私は考えています。外国語文献の購読だけが目的なら別ですが，言語はコミュニケーションの手段です。相手に伝えるため，正しく発音することは不可欠です。正確な発音を身につけようとすれば，必然的にリスニングにも力を入れるようになります。また，きちんと発音できるようになることは，学習を続けていくうえでのモチベーション維持にもつながってきます。

(6) 目標の設定

モチベーションを維持するためには，目標を段階的に設定することも有効です。たとえば検定試験を中間目標にして，それをペースメーカーにします。そして，全国通訳案内士試験合格をその先の目標にするなどです。

(7) 自分で限界をつくらないこと

2つ以上の外国語を学んでいるという話をすると，多くの人は「自分には無理」と言います。しかし，小学校から高校までは国語，算数（数学），理科，社会など数多くの科目を勉強しています。異なるジャンルの本も並行して読んでいるはずです。英語を学んだ後は，フランス語，イタリア語を学習する労力は「かける2」「かける3」にはなりません。複数の言語を比較することによって，それぞれの理解も深まってきます。興味があるのであれば，躊躇せずに始めればよい。私はそう思っています。「自分で限界をつくらない」というのは，最も大切なことかもしれません。

第14章

調停・ADR

第1節　はじめに

紛争は，それが発生する前に予防するのが最も大切なことです。発生してしまった後については，紛争解決のルートが複数存在し，当該紛争に最適と考えられる解決ルートを当事者が選択できることが次善の策として望ましいあり方です。

日本では，法的な紛争解決手続として，裁判所の裁判・審判・調停（民事調停，家事調停），仲裁，あっせんのほか，民間機関によるADR（裁判外紛争解決手続）などがあります。全国の行政書士会のうち19の単位会が，法務省の認証を受けたADRセンターを開設しています（2022年現在）。

第2節　調　　停

1　調停とは

調停とは，私人間の紛争を解決するために，裁判所が仲介して当事者間の意見の調整と合意の形成を行う手続です。

裁判所が紛争を解決する典型的な手続として訴訟があります。訴訟では，裁判官が当事者双方の言い分を厳格な手続で聴き，当事者が提出する証拠を調べたうえで，法律に照らしてどちらの言い分が正しいのかを判決等によって白黒をつける手続です。

これに対して調停は，調停主任である裁判官1名と調停委員2名以上（通常は2名）で構成される調停委員会が当事者の言い分を聴き，必要があれば事実を調査したうえで，条理にかない実情に即した解決を図る手続です。当事者双方が納得して合意ができるよう，調停委員は中立の立場で問題解決の手助けをします。法律的な判断を基本に置きながら，紛争の実情に応じた柔軟な解決を図るところに調停の特徴があります。調停では，原則として別席で交互に当事者の話や気持ちをしっかりと聴きます。訴訟の手続は公開が原則（日本国憲法82条1項）ですが，調停の手続は非公開で進められます。調停委員には守秘義務があるため，プライバシーが守られます。調停が成立し調書に合意内容が記載されると，裁判の判決と同様の効力（執行力等）があります。

調停委員は，調停に一般市民の良識を反映させるため，社会生活上の豊富な知識経験や専門知識を持つ人のなかから選ばれます。具体的には，原則として40歳以上70歳未満の人で，弁護士，医師，不動産鑑定士，建築士などの専門家のほか，社会の各分野から選ばれています。調停委員は非常勤の裁判所職員（国家公務員）であり，任命権者は最高裁判所です。

調停には，地方裁判所・簡易裁判所で行う民事調停と，家庭裁判所で行う家事調停があります。調停委員も民事調停委員と家事調停委員に分かれています。夫婦や親族間の問題を扱う家事調停では，男女1名ずつの調停委員が指定されます。

私は2013年4月から民事調停委員を，2019年10月から家事調停委員を拝命しています。

以下で民事調停，家事調停をそれぞれ説明します。

民事調停，家事調停（原則的な形態）

地方裁判所

【民事調停】民事調停委員

↑

簡易裁判所

【民事調停】民事調停委員

家庭裁判所

【家事調停】家事調停委員

【民事調停】
・金銭の貸し借り
・交通事故の賠償請求
・近隣関係のトラブル
・敷金の返還　など

【家事調停】
・離婚
・養育費
・面会交流
・遺産分割　など

2 民事調停

民事調停は，民事に関する紛争を取り扱います。具体的には，金銭の貸借や物の売買をめぐる紛争，交通事故をめぐる紛争，借地借家をめぐる紛争，知的財産権（著作権等）をめぐる紛争，相隣関係をめぐる紛争等があります。また，借金の返済が困難な人が，生活や事業の建て直しを図るため，その返済方法等を債権者と話し合う手続として「特定調停」があります。

建築関係，医事関係，知財等の専門知識を必要とする事件については，建築士，医師，弁理士等の専門家の調停委員が関与することにより，適切かつ円滑な解決を図ることができます。このような事件は，最初から調停事件として申し立てることもできますが，訴訟を提起した場合でも，調停委員の専門的な知見を活かすため事件が調停に移されることもあります（付調停）。

3 家事調停

家事調停は，家庭内又は親族間の紛争を取り扱います。

面会交流や親権者指定等が争点となっている事件では，子の意向・心情調査等について家庭裁判所調査官に関与してもらう場合もあります。調査官は，心理学，社会学，教育学といった行動科学の専門的な知見・技法を持った家庭裁判所職員です。

(1) 家事調停の種類

家事調停事件は，家事事件手続法別表第二に掲げる事項に関する調停（別表第二調停），特殊調停，一般調停の 3 つがあります。

❶ 別表第二調停

別表第二調停には，親権者の変更，養育費の請求，婚姻費用の分担，遺産分割等があります。これらの事件は，第一次的には当事者間の話し合いによる自主的な解決が期待されるため，主に調停で扱われますが，審判で扱うこともできます。最初に調停の申立てがあり，調停が成立しなかった場合は，審判に移行し，審判によって結論が示されます。また，審判として申立てをした場合でも，裁判官がまず話し合いで解決を図るほうがよいと判断したときは，調停による解決を試みることがあります。

❷ 特殊調停

特殊調停には，協議離婚の無効確認，親子関係の不存在確認，嫡出否認，認知等があります。これらは，本来は人事訴訟で解決すべき事項とされています。なぜなら，これらの人事の関する事件は，身分事項を記録する戸籍に関わる内容でもあるため，当事者による処分が許されない性質を持っているためです。これらの事件は，原則として調停前置主義により調停から始めることになります。しかし，家事調停の手続において，審判を受けることについて当事者間に合意が成立しており，申立てに係る原因事実について当事者間に争いがない場合は，家庭裁判所が必要な事実の調査をしたうえで，その合意が正当と認められるときには，「合意に相当する審判」が行われます。

❸ 一般調停

家庭の紛争等の事件のうち，別表第二調停及び特殊調停を除いた事件が一般調停です。たとえば，離婚や夫婦関係円満調整等があります。

(2) 調停の効力

❶ 別表第二調停

合意が成立し，その合意が調停調書に記載された場合には，確定判決と同一の効力があります。調停が不成立の場合は，自動的に審判手続が開始されます。

❷ 特殊調停

合意に相当する審判が確定すると，確定判決と同一の効力が認められます。調停が不成立の場合には，改めて家庭裁判所に人事訴訟を提起する必要があります。

❸ 一般調停

合意が成立し，その合意が調停調書に記載された場合には，確定判決と同一の効力があります。調停が不成立の場合，最終的な解決のためには訴訟を提起する必要があります。離婚及び離縁については，人事訴訟の手続によることになります。

❹　調停不成立

調停が不成立の場合，調停事件は原則として終了します。

なお，調停が成立しない場合であっても，裁判所が当事者の事情等を考慮して相当と判断したときは，「調停に代わる審判」の形で結論が出されることもあります。この審判に対して，当事者が2週間以内に異議を申し立てたときは，審判は効力を失います。異議が申し立てられることなく確定した場合は，審判は確定判決と同一の効力を持ちます。

第3節　調停と多文化共生

1　民事調停

在住外国人の増加に伴い，外国人と日本人，あるいは外国人同士のトラブルが発生します。このような紛争においては，前述の渉外相続と同様，国際裁判管轄と準拠法が問題になる場合があります。

まず民事調停について。敷金返還請求調停事件において外国人の賃借人が申立人，賃貸人（日本人）が相手方となった事件を担当したことがあります。アパート等の賃貸借契約では，外国人賃借人の退去時に，文化・習慣の違いを理由として賃貸人が差別的な対応や発言をして，それが原因でトラブルになることがあります。

2　家事調停

当事者の双方又は一方が外国人である離婚等のうち，国際裁判管轄が認められる事件を家事調停においても扱っています。在住外国人の増加に伴い，外国人の家事事件（渉外家事事件）の増加が見込まれることから，東京家庭裁判所本庁では2014年4月から，渉外家事事件を専門に取り扱う係を設け，知見の集積を図っています（『ケース研究　第338』57頁）。長野家庭裁判所松本支部において私も，両当事者が外国人の離婚調停などを担当したことがあります。

また，ハーグ条約（国際的な子の奪取の民事上の側面に関する条約）に関係する事件も近年増えています。すなわち，外務大臣から「国際的な子の奪取の民事上の側面に関する条約の実施に関する法律（ハーグ条約実施法）」による外国返還援助決定又は日本国面会交流援助決定を受けている場合，あるいは，子の返還の申立てをした場合には，面会交流調停手続の申立てを東京家庭裁判所又は大阪家庭裁判所に行うことができます。面会交流手続の申立てがされた場合であっても，他の裁判所に管轄があることが判明したときは，その裁判所に移送されることがあります。また，ハーグ条約実施法により東京家庭裁判所又は大阪家庭裁判所に管轄がある場合でも，迅速に子の状況調査を行う必要性があるなど諸般の事情を考慮して，子の住所地又は相手方の最寄りの裁判所に移送されることもあります。

ハーグ条約については，2015 年 7 月，外務省領事局ハーグ条約室の担当官を講師としてお招きして，長野県行政書士会松本支部で研修会「ハーグ条約の概要と実際—外務省の業務を中心に」を開催しました。また同年 11 月には，信州大学教授や弁護士・行政書士等でつくる「信州法務研究会」において，「国境を越えた「子の連れ去り」とハーグ条約」のテーマで私が研修講師を務めています。

次節において，ハーグ条約の概要を説明します。

第 4 節　ハーグ条約（国際的な子の奪取の民事上の側面に関する条約）

1　ハーグ条約の概要

(1) 背　　景

日本人と外国人の国際結婚は，1970 年には年間 5,000 件程度でしたが，1980 年代後半から急増し，2005 年には年間 4 万件を超えました。これに伴い国際離婚も増加し，一方の親による国境を越えた「子の連れ去り」が問題になり，この問題を解決するための国際的なルールの策定が求められるようになりました。

(2) ハーグ条約の締結

ハーグ条約は1980年10月25日，ハーグ国際私法会議において採択され，1983年12月1日に発効しました。日本は2014年1月24日に署名・受諾し（91番目の加盟国），同年4月1日に発効しています。正式名称は，国際的な子の奪取の民事上の側面に関する条約（Convention on the Civil Aspects of International Child Abduction）。日本の国内実施法である「国際的な子の奪取の民事上の側面に関する条約の実施に関する法律」は2013年6月19日に成立し，2014年4月1日に施行されました。

2023年1月1日時点の締約国は103か国。アジアでは，中国（香港，マカオのみ），シンガポール，スリランカ，タイ，韓国，日本，フィリピン，パキスタンの8か国のみ。中東もイスラエル，トルコ，イラクの3か国にとどまっています。

(3) ハーグ条約の基本的な考え方

❶ 子を元の居住国へ返還することが原則

監護権の侵害を伴う国境を越えた子の連れ去り等は子の利益に反し，また子の監護権に関する手続は子の元の居住国（常居所地国）で行うことが望ましいとの考えから，原則として常居所地国に迅速に子を戻すことを義務づけています（ハーグ条約12条）。

ただし，一定の例外事由が認められれば，返還を命ずる義務を負いません（条約13条，20条）。

❷ 親子の面会交流の機会を確保

親子の面会交流の機会を確保することは，連れ去りや留置の防止，子の利益につながると考えられます。そこでハーグ条約は，面会交流の機会が得られるよう締約国が支援することを定めています（条約21条）。

(4) ハーグ条約締結の意義

❶ 中央当局が子の所在を特定

締約国は，条約上の義務を履行するための機関として中央当局を指定します（条約6条）。日本では外務大臣が中央当局（国際的な子の奪取の民事上の側面に関する条約の実施に関する法律3条）です。その事務は外務省領事局ハーグ条約室が行っています。

条約締結前は，LBP（Left Behind Parent；子を連れ去られた親）は自力で子の所在を見つけ出す必要がありましたが，条約締結後は子の所在特定について中央当局による支援が受けられるようになりました（条約7条2項a号）。

❷ 中央当局が当事者間での話し合い等による解決を支援

条約締結前は，各国の国内法に基づく手続を行う必要がありましたが，国内法により返還を実現することが困難な国も多く，また返還を決める基準も国ごとに区々でした。

条約締結後は，中央当局が当事者間での協議等による解決を支援してくれます（条約7条2項c号，10条）。これは，子の返還手続においては子を常居所地国に返還すべきか否かだけの判断がなされるにすぎないため，ドラスティックな解決ではなく，当事者間の友好的な話し合いにより，子を返還する場合又は返還しない場合の諸条件も含めた合意ができれば，子にとって最も望ましいという基本的な考え方によるものです。

❸ 条約に基づく子の返還の申立て

条約締結により，従来できなかった子の返還申立てが可能になりました（条約8条）。

❹ 子を伴う渡航制限の緩和

条約締結前は，外国に住む親が子を連れて日本に一時帰国することが許可されない場合がありました。なぜなら，子が日本に留め置かれた場合，返還する手立てがなかったからです。

しかし条約締結後は，子が留め置かれた場合でも返還を実現できるようになったため，一時帰国が不許可になる可能性が低くなりました。

(5) 手続の流れ

❶ 中央当局による援助

ア　子を連れ去られた親は，自国の中央当局や子が現に所在する国の中央当局を含む締約国の中央当局に対し，①子の返還に関する援助申請，②面会交流に関する援助申請を行うことができます（実施法4条，11条，16条，21条）。

イ　子が現に所在する国の中央当局は，申請書類の審査を行った後に，子の所在を特定し（実施法5条），返還及び面会交流の機会を確保するための協議・あっせん等の支援を行います（実施法6条，9条）。ADR機関の紹介もしています。

ウ　裁判所が子の返還を決定した場合（実施法27条），中央当局は子を元の居住国に返還するための支援を行います。

❷ 裁判所による子の返還手続

ア　当事者間で話し合いによる解決ができない場合，LBPは東京家庭裁判所又は大阪家庭裁判所に対し，子を返還するための申立てを行うことができます（実施法26条）。裁判所は，申立てを受けて子を元の居住国に返還するかどうかを判断します。東京家裁及び大阪家裁では，合議制の裁判体により申立てから決定まで6週間を目安とした審理計画による迅速な審理が行われます。返還命令の申立てに際しては通常，併せて出国禁止命令と旅券提出命令の申立てもなされ，命令が出されています。

イ　原則

裁判所は，原則として以下のいずれにも該当すると認める場合に子を元の居住国に返還することを命じます。

i　子が16歳に達していないこと（条約4条，実施法27条1号）。

ii　子が日本国内に所在していること（条約9条，実施法27条2号）。

iii　常居所地国の法令により，連れ去り又は留置が申立人の監護権を侵害していること（条約3条・5条，実施法27条3号）。

iv　連れ去り時又は留置の開始時に，常居所地国が条約締約国であったこと（条約4条，実施法27条4号）。

ウ　例外（返還拒否事由）

ただし，裁判所は，子の生活環境の関連情報や子の意見，両当事者の主張を考慮したうえで，以下のいずれかに該当する場合には例外として子の返還を拒否することがあります。

i　連れ去りの時又は不法な留置の開始の時から1年以上経過した後に裁判所への申立てがされ，かつ子が新たな環境に適応している場合（条約12条1項・2項，実施法28条1項1号）。

ii　申立人が連れ去りの時又は留置の開始の時に現実に監護の権利を行使していなかった場合（条約13条1項a号，実施法28条1項2号）。

iii　申立人が連れ去り若しくは留置に同意し，又は連れ去り，若しくは留置の開始後に承諾していた場合（条約13条1項a号，実施法28条1項3号）。

iv　常居所地国に子を返還することによって，子が心身に害悪を受け，又は他の耐え難い状況に置かれることとなる重大な危険がある場合（条約13条1項b号，実施法28条1項4号）。

v　子が返還を拒み，かつ子の年齢及び発達の程度に照らし，子の意見を考慮することが適当な場合（条約13条2項，実施法28条1項5号）。

vi　常居所地国に子を返還することが日本国における人権及び基本的自由の保護に関する基本原則により認められない場合（条約20条，実施法28条1項6号）。

(6) DVとハーグ条約

TP（Taking Parent；連れ去り・留置をした親）のなかにはDV被害を主張する者もいます。

❶　ハーグ条約の規定

ハーグ条約にはDVについての直接的な規定はありません。

【ハーグ条約13条1項b号（返還義務の免除）】

> 返還することによって子が心身に害悪を受け，又は他の耐え難い状態に置かれることとなる重大な危険があること（下線は筆者）。

❷ 重大な危険（Grave Risk）

TP 側から，以下のような「重大な危険」があるとの主張がしばしばなされます。

i　LBP から子に対する虐待

ii　兄弟・姉妹の分離

iii　TP が直面する困難

・LBP から TP に対する DV

・経済的困難（TP・LBP に資力がない，TP が常居所地国で仕事ができない等）

・TP に対する刑事訴追の危険

・ビザの問題

(7) ハーグ条約の運用状況

2014 年 4 月 1 日にハーグ条約が日本で発効した後，2022 年 11 月 1 日までに中央当局で受け付けた援助申請件数は計 497 件です。

条約発効日以前に行われた連れ去りについては，「子の返還」が適用されませんが，面会交流には適用されます。そのため，条約発効当初は面会交流に関する申請が多く出されています。

中央当局の援助申請受付状況（2022 年 11 月 1 日時点）

	返還援助申請	面会交流援助申請
日本に所在する子に関する申請	182 （うち援助決定は 158 件） 米 54，豪 15，仏 9，英 8，独 7， シンガポール 6，加 6，伯 5，伊 4， 露 4，香港 4，韓 4，西 3， スリランカ 3，ニュージーランド 3， スイス 3，トルコ 2，タイ 2， アルゼンチン 2，アイルランド 2， ハンガリー2，メキシコ 2， フィジー1，コロンビア 1， スウェーデン 1，ベルギー1， ウクライナ 1，フィリピン 1， パラグアイ 1，エストニア 1 （審査中 4，却下等 20）	130 （うち援助決定は 113 件） 米 53，英 10，豪 10，加 7， シンガポール 6，仏 5， ニュージーランド 5，独 3， メキシコ 2，伊 2，タイ 1， コスタリカ 1，スウェーデン 1， フィンランド 1，チェコ 1， コロンビア 1，伯 1，スイス 1， ベルギー1，アルゼンチン 1 （却下等 17）
外国に所在する子に関する申請	144 （うち援助決定は 128 件） 米 29，フィリピン 12，タイ 11， 伯 9，露 8，韓 7，仏 6，ペルー6， 独 4，豪 4，スウェーデン 4，英 4， ポーランド 3，スリランカ 3，加 2， 香港 2，伊 2，西 1，スイス 1， 南ア 1，スロバキア 1，ルーマニア 1， ベラルーシ 1，エクアドル 1，チェコ 1， グアテマラ 1，デンマーク 1， シンガポール 1，トルコ 1 （審査中 1，却下等 15）	41 （うち援助決定は 38 件） 米 8，露 4，加 3，独 3，韓 3， ウクライナ 2，タイ 2，英 2， アイルランド 2，オランダ 2， シンガポール 2，豪 1， ウルグアイ 1，ポーランド 1， 香港 1，フィジー1 （却下等 3）
合計	326（うち援助決定は 286 件）	171（うち援助決定は 151 件）

出典：外務省領事局ハーグ条約室「ハーグ条約（国際的な子の奪取の民事上の側面に関する条約）の実施状況」2022 年 11 月 1 日

2 ハーグ条約の問題点

(1) 締約国が限られていること

締約国は100か国余で，特にアジア太平洋地域，アフリカでは少数にとどまっています。ハーグ条約は，子どもが連れ出された国及び連れ込まれた国の双方が締約国である場合にのみ効力を有するため，締約国が限られていることは条約の実効性に影響します。

(2)「子の最善の利益」の判断の難しさ

条約前文では「子の利益が最も重要」と規定しています。そして，連れ去られた子を常居所地国に戻すことが原則ですが，これは，当事者間での話し合いがまとまらない場合，子の福祉に関しては子の常居所地国の裁判所により判断するのが妥当であるとの考えが前提にあります。しかし，何が「子の最善の利益」かを判断することは大変難しいのです。

(3) 児童の権利に関する条約との抵触

児童の権利に関する条約（子どもの権利条約）は，家族再統合のための児童及びその父母の出入国の権利を定めています（10条2項）。他方，ハーグ条約は国境を越えた子の移動を制限しています（3条等）。これは児童の権利に関する条約の上記規定とは相容れないものです。

(4) 難民認定との関係

実施法28条1項4号は，子の返還拒否事由の一つとして「常居所地国に子を返還することによって，子の心身に害悪を及ぼすことその他子を耐え難い状況に置くこととなる重大な危険があること」を定めています。ここでいう「重大な危険」がある場合には，当該子が「難民」であるケースも可能性として考えられます（難民の地位に関する条約1条，難民の地位に関する議定書1条）。

日本では法務大臣が難民の認定を行いますが（入管法61条の2第1項），難民認定されるケースは極めて限られています。2021年の難民認定者数は74人で，難民認定制度が始まった1982年以降で過去最多となりました。しかし，

2021年の難民認定申請者数は2,413人だったため，認定率は0.03％にとどまっています。

そのため，TPによる難民認定申請が日本で認められなかった場合，その不認定の判断をもとに実施法の「重大な危険」の判断がされてしまうおそれがあります。また逆に，「重大な危険」の判断が先になされ，難民認定に影響を与えることも考えられます。難民認定と「重大な危険」判断のリンクが懸念されます。

(5) 当事国間の考え方の違い

海外の主要国は，離婚後に両親双方が親権を持つ「共同親権」を認めていますが，日本ではこれを認めていません。このようなベースとなる考え方の違いから，ハーグ条約の適用・執行についても当事国間で大きな隔たりが生じることがあります。

2019年2月，ハーグ条約の講演会が大阪弁護士会館で開催されました（外務省・大阪弁護士会主催）。講師は，米国ニューヨーク州弁護士ジェレミー・D・モーレイ氏。日本の中央当局が援助申請を受けたもののうち約3割は米国との間の事案です。モーレイ氏は「米国弁護士によるハーグ条約手続の比較」というテーマについて，日米両国の考え方の違いや執行の実効性に疑問を呈されました。つまり，「子は，その人生において，母親と父親の両方を持つ基本的権利があるのか」「親には，自分の子を養育する基本的な権利があるのか」という点について，両国の考え方には大きな溝があるという指摘です。日本では「非同居親は，個人の家庭生活に介入すべきではない」「離婚後は単独親による養育が最も良い」というのが一般的な考え方ですが，米国では「子には二人の親を持つ権利がある。絶対に必要な場合を除き，親の基本的な権利が損なわれることがあってはならない」「両方の親が参加するのが最も良い養育の方法である」と考えています。このような根本的な考え方の違いが，ハーグ条約のプロセスにも反映されているというのです。

なお，米国では2018年5月，ハーグ条約に関する年次報告書を国務省がまとめています。それによると，中国，インド，ブラジル，アルゼンチン，日本など12か国を「条約不履行国」に認定し，特に日本については，他の締約国や関係機関との連携を図っている点は評価しているものの，子の強制執行に時間がかかり実現もしていない点を批判しています。

ハーグ条約講演会の会場風景（2019 年 2 月，大阪弁護士会館）

第 5 節　ADR

1　ADR とは

ADR とは，Alternative Dispute Resolution（裁判外紛争解決手続）の頭文字です。裁判所による裁判によらずに法的なトラブルを解決する方法，手段など一般を総称する用語で，仲裁，調停，あっせんなどがあります。「裁判外紛争解決手続の利用の促進に関する法律」が ADR について規定しています。「裁判所は敷居が高い」「当事者同士では話し合いができないので，法律の知識をもった専門家が間に入ってサポートしてほしい」という場合などに ADR が利用されます。

裁判，裁判所の調停，裁判所の調停以外の ADR を比較すると次の図のようになります。

	裁判	調停	ADR
実施主体	裁判官	調停委員会（調停主任裁判官，調停委員）	各分野の専門家
秘密の保護	公開	非公開	非公開
手続の進行	民事訴訟法に従った手続進行	民事調停法，家事事件手続法に従った手続進行	ニーズに応じた柔軟な手続進行が可能
実施場所	裁判所	裁判所	柔軟に対応
同席・別席	同席	原則として別席	原則として同席
土日・夜間の利用	不可	不可	場合によっては可能
費用	裁判所の訴訟費用	裁判所の調停費用	ADR 機関に支払う費用
強制執行力	ある	ある	なし

2　行政書士会のADR

(1) 行政書士会のADR

行政書士会では，「裁判外紛争解決手続の利用の促進に関する法律」に基づき，法務大臣の認証を取得した調停機関を設けている 19 の単位会があります。

(2) 長野県行政書士紛争解決センター

長野県行政書士会は，2019 年 2 月 1 日に認証取得し，「長野県行政書士紛争解決センター」を開設しています。取り扱う紛争の範囲は，①外国人関係，②愛護動物（ペット）関係，③住宅敷金関係，④自転車事故関係の 4 分野です。

「①外国人関係」は，職場の待遇についてのトラブル（従業員，事業所），学校内のトラブル（生徒，学校）です。

「②愛護動物（ペット）関係」は，ペットによる咬みつき・ひっかき事件（被害者，加害者)，医療事故，鳴き声のトラブル，売買のトラブルなど。

「③住宅敷金関係」は，敷金返還・原状回復に関するトラブルなどで，たとえば，「退去時に敷金と日割りの家賃を返還してくれない」「返還予定額以上の請求をされている」などの相談を受け付けています。

「④自転車事故関係」は，自転車と自転車，自転車と歩行者のそれぞれの事故や，自転車による物損事故に伴うトラブルなどです。

長野県行政書士会では，ADR研修を実施し，原則として100時間を超える座学及び模擬調停等のトレーニングを受けた行政書士が手続実施者となります。実際のADRでは，手続実施者2名及び弁護士（長野県弁護士会）1名が調停人として選任されます。同センターは，2022年7月に第1号事件（愛護動物（ペット）関係）を受任し，調停が合意しています。

私は2013年から手続実施者，2021年から長野県行政書士紛争解決センター運営委員を拝命しています。同センターの第1号事件では主調停人を務めました。

(3) 行政書士会が開設するADRセンター

全国の行政書士会が開設しているADRセンターと取扱分野は以下のようになっています（2019年2月現在)。

センター名称	取扱分野
行政書士会北海道ADRセンター	・外国人の職場環境等に関する紛争 ・敷金返還等に関する紛争
行政書士ADRセンター宮城	・自転車事故に関する紛争 ・敷金返還等に関する紛争
行政書士ADRセンター東京	・外国人の職場環境等に関する紛争 ・自転車事故に関する紛争 ・愛護動物に関する紛争 ・敷金返還等に関する紛争

行政書士 ADR センター神奈川	・外国人の職場環境等に関する紛争 ・自転車事故に関する紛争 ・愛護動物に関する紛争 ・敷金返還等に関する紛争
行政書士 ADR センター埼玉	・夫婦関係等に関する紛争 ・相続に関する紛争 ・自転車事故又は自動車の物損事故等に関する紛争 ・敷金返還等に関する紛争
長野県行政書士紛争解決センター	・外国人の学校教育環境，労働職場環境等に関する紛争 ・自転車事故に関する紛争 ・愛護動物に関する紛争 ・敷金返還等に関する紛争
行政書士 ADR センター静岡	・外国人を一方の当事者とする身分関係に関する紛争 ・外国人を一方の当事者とする職場環境等に関する紛争 ・外国人を一方の当事者とする騒音，ゴミ処理その他の日常生活に関する紛争
行政書士 ADR センター新潟	・外国人の職場環境等に関する紛争 ・愛護動物に関する紛争 ・敷金返還等に関する紛争 ・自転車事故に関する紛争
行政書士 ADR センター愛知	・外国人の職場環境等に関する紛争 ・自転車事故に関する紛争 ・愛護動物に関する紛争 ・敷金返還等に関する紛争
行政書士 ADR センター三重	・外国人の職場環境等に関する紛争 ・自転車事故に関する紛争 ・愛護動物に関する紛争 ・敷金返還等に関する紛争

行政書士 ADR センター大阪	・外国人の職場環境等に関する紛争 ・自転車事故に関する紛争 ・愛護動物に関する紛争 ・敷金返還等に関する紛争
京都外国人の夫婦と親子に関する紛争解決センター	・外国人を当事者とした夫婦と親子に関する紛争
行政書士 ADR センター奈良	・外国人の職場環境等に関する紛争 ・自転車事故に関する紛争
行政書士 ADR センター和歌山	・外国人の職場環境等に関する紛争 ・自転車事故に関する紛争
行政書士 ADR センター兵庫	・外国人の職場環境等に関する紛争 ・自転車事故に関する紛争 ・愛護動物に関する紛争 ・敷金返還等に関する紛争
行政書士 ADR センター岡山	・自転車事故に関する紛争
行政書士 ADR センターやまぐち	・愛護動物に関する紛争 ・敷金返還等に関する紛争
行政書士 ADR センター香川	・外国人の職場環境等に関する紛争 ・自転車事故に関する紛争 ・愛護動物に関する紛争 ・敷金返還等に関する紛争
行政書士 ADR センター福岡	・外国人の労働環境・職場環境等に関する紛争 ・外国人の教育環境に関する紛争 ・自転車事故の関する紛争 ・愛護動物（ペットその他の動物）に関する紛争

第15章

行政相談委員

第1節　行政相談委員とは

1　行政相談委員

行政相談委員とは，「国の行政機関及び政令で定める法人（以下「関係行政機関等」といいます）の業務に関する国民からの苦情の相談を受けて，必要な助言を行ったり，関係行政機関等にその苦情を通知する等する業務を，総務大臣から委嘱された民間人」と定義されています（『行政相談委員の手引』2021年，総務省行政評価局行政相談企画課，行政相談管理官）。

すなわち，総務大臣から行政相談業務の委嘱を受けた民間の有識者であり，無償ボランティアです。根拠法は行政相談委員法。国家公務員法上の公務員ではありません。

全国に約5,000人，市町村（東京都の特別区を含みます）ごとに1人以上の行政相談委員がいます。私は2019年12月から行政相談委員の委嘱を受けています。

2022年10月27日の衆議院総務委員会において，「行政相談委員」が取り上げられました。

岡本あき子議員（立憲民主党）から，「行政相談委員はとても活躍している。非常に資質も高くて，的確な相談後の対応もしている。このことは意外と知られていないので，ぜひ，最大のPRをしていただきたい」という質問があり，行政評価局長が，行政相談委員が国民と行政との「懸け橋」として重要な役割を果たしていること，行政相談委員のウェブサイトを開設したことを紹介し，今後も広報に努めていく旨答弁しています。

行政相談の事案処理は行政書士業務と重なる部分が多いほか，この後で説明する「4条意見（委員意見）」は特に有効に活用すべきだと私は考えています。

2　行政相談委員の業務

行政相談委員は，次のような業務を行います。

❶　相談事案の処理

開設した相談所において行政相談を受け，相談者に助言をしたり関係行政機関等につなげて相談内容の処理を行います。行政相談は，行政に対する相談者からの苦情・要望・意見等を聴き，問題の解決を促進する「国民と行政との懸け橋」としての役割を持ちます。

❷　啓発及び宣伝

行政相談制度は昭和35年に始まり，60年以上の歴史がありますが，必ずしも周知されているわけではありません。そのため，行政相談制度及び行政相談委員制度についての広報活動を行うことも行政相談委員の役割とされています（行政相談委員法3条2項）。

❸　意見の陳述

同法4条は,「委員は，総務大臣に対して，業務の遂行を通じて得られた行政運営の改善に関する意見を述べることができる。」と規定しています。いわゆる「4条意見（委員意見)」といわれるもので，このような業務は行政相談委員だけに与えられています。人権擁護委員や民生委員等にはない重要な業務です。

3　4条意見（委員意見）

（1）4条意見の概要

4条意見は，国民の声を代弁して総務大臣に提出し，行政運営の改善につなげるものです。内容が行政相談委員の活動を通じて得られた苦情・要望・意見等であり，一般的・抽象的なものではなく具体的な行政活動の運営の改善を求めるものであることが「望ましい」とされています。たとえば，制度が現状に合わなくなっている，制度の運用が不公平である，安全・安心の確保が必要だ，などを内容とするものがこれにあたります。

提出された4条意見は，最寄りの管区行政評価局・行政評価事務所・行政監視行政相談センター（以下「局所センター」といいます）から総務省行政評価局に報告され，関連する制度等の調査や意見聴取等を経て，行政評価局が次のような対応をとります。

ア　関係省庁等に意見の通知等を行い，改善を促進する。

イ　民間有識者をメンバーとする行政苦情救済推進会議に付議し，その意見に基づいて改善を進める。

ウ　行政評価局調査（評価・監視）による改善を進める。

(2) 具　体　例

たとえば，4 条意見に基づいて以下のような改善がなされています。

❶　衆議院議員総選挙及び最高裁判所裁判官国民審査の期日前投票日の統一

「衆議院議員総選挙の期日前投票日と国民審査の期日前投票日が異なることで，国民への負担を強いる状況がみられることから，総選挙と国民審査の期日前投票日を統一すべきではないか」という 4 条意見が出されました。

その結果，2016 年 11 月に最高裁判所裁判官国民審査法が改正され，国民審査の期日前投票の期間が総選挙と同様に，公示日の翌日から投票日の前日までとされました（2017 年 1 月施行）。

❷　国民健康保険における被保険者証と高齢受給証の一体化の推進

「国民健康保険の被保険者のうち 70 歳以上 75 歳未満の者は，医療機関で診療を受ける際に，市町村から交付される国民健康保険被保険者証（以下「被保険者証」という）に加えて国民健康保険高齢受給者証（以下「高齢受給者証」という）を提示しなければならない。しかし，市町村によっては，カードサイズの被保険者証とは別にはがきサイズの高齢受給者証を交付しており，携帯に不便である」という 4 条意見。

改善結果は次のような内容です。

「被保険者証と高齢受給者証の一体化の取り組み状況について，2018 年 4 月に全市町村に対し調査を行った（調査結果は 9 月に全都道府県に情報提供）。

また，7 月に全都道府県宛てに通知を発出し，①一体化の実施に向けた検討を行うこと，②市町村への支援等を依頼した。

さらに，一体化の取組を促進するため，国民健康保険法施行規則を改正し，被保険者証と高齢受給者証が一体となった被保険者証を一様式として追加した（8月1日施行）。」

第2節　行政相談委員と多文化共生

1　在住外国人からの相談

行政相談では，在住外国人からの相談も受け付けています

日本に住む外国人数，外国人労働者数の増加に伴い，政府は2018年12月，関係閣僚会議において「外国人材の受入れ・共生のための総合的対応策」を決定しました。これを受けて，総務省の行政相談においても2019年度から，外国人相談の体制を強化しています。具体的には，各局所センターへの多言語翻訳機器の配備，国際交流センター等地域の外国人支援機関との協力・連携，国際

総務省の「外国人のための行政相談」パンフレット（やさしい日本語・英語版）

交流イベントへの参加などです。行政相談の件数は，2018 年度は 104 件でしたが，2019 年度には 239 件になっています。

なお，総務省は，行政相談に関するリーフレットを「やさしい日本語」と 12 言語（英語，中国語，韓国語，ベトナム語，ネパール語，インドネシア語，タガログ語，タイ語，ポルトガル語，スペイン語，フランス語，マレー語）で作成してます。

また，総務省本省では 2019 年 3 月から，外国人向け行政相談窓口（kikumimi.japan@soumu.go.jp）において，英語メールによる相談を受け付けています。

2　外国人からの相談受付事例

外国人からの相談とそれに対する対応の事例として以下のようなものがあります。

(1) 非永住者が所得税の確定申告をする際の必要書類を周知してほしい

❶ 相談要旨

非永住者である私が所得税の確定申告書を提出したところ，後日，税務署から「在留カード」及び「居住形態等に関する確認書」の提出を求める督促状が届いた。

国税庁の HP 等を確認したが，「在留カード」の添付に関する記載はなく，「居住形態等に関する確認書」は，記載事項が非常にわかりにくく，国税庁や県内の税務署に照会したところ，たとえば「当初の入国年月日」の定義がばらばらで，「入国許可を受けた日」や「入国許可日以前に入国した場合は，当該日を記載する」など，窓口によって異なる説明をされた。

非永住者の確定申告に必要な書類は，HP 等で周知し，それらの書類への記載事項は，定義を統一し，わかりやすくしてほしい。

❷ 対応状況

行政相談センターが国税庁の HP やパンフレットを確認したところ，非永住者が確定申告書を提出する際の書類として，「在留カード」は身分確認書類の一つとして例示されているものの，必須の書類とは記載されておらず，また，「居住形態等に関する確認書」の提出についても必要だという案内がないことが判明。

相談者の要望を国税局の支部に連絡したところ，国税局に引き継がれ，「全国で統一的な対応を検討していく」旨の回答を得たため，相談者にその旨を回答しました。

(2) 住民登録がない子の保育所入所

❶ 相談要旨

私は就労ビザを持ちA市に住民登録している。この度，母国から子供を呼び寄せ，現在，家族滞在ビザの申請中で，許可は2週間後に下りる予定。

子供を保育所に預けたいのでA市役所に照会したところ，住民登録がない児童は，入所できないと言われ困っている。

❷ 対応状況

相談者は，県の国際交流協会に来訪し相談。協会では相談先が明確でなかったので，日頃から連携関係にある行政相談センターに連絡。

行政相談センターが，相談者の居住するA市の教育委員会に照会したところ，「原則，保育所の入所には住民登録が必要だが，両親が住民であり，住民登録をする予定の子は，入所できる可能性がある」ということが判明。

相談者にこのことを伝え，改めてA市役所に相談するように助言しました。

(3) 母国に居住する親族に対する日本の扶養控除認定に不満

❶ 相談要旨

私は母国に居住している両親を扶養しているが，銀行で送金する手数料が高額なため，帰国の度に現金を渡している。

日本の所得税では，海外在住の扶養親族について，扶養控除できると聞いているが，扶養していることは間違いないのに，私の場合は認められないのは不満。

❷ 対応状況

所得税の扶養控除は，扶養親族の国籍（日本人・外国人）や居住地（国内・海外）を問わず認められており，源泉徴収義務者を通じて税務署に「扶養控除認定申請書」を提出する必要があります。

別居親族に関しては，国内海外を問わず，送金事実証明が必要で，海外の場合は，外国送金依頼書の写しやクレジットカードの利用明細書の写し等の提出が定められています。

相談者に，扶養控除制度を利用するためには，これらの手続が必要となっていることについて丁寧に説明し，理解を得ました。

3　今後の課題

在住外国人は，雇用，医療，福祉，防災など生活にかかわるトラブルや悩みを，「ことばの壁」「制度の壁」があるがゆえに日本人以上に抱えている人が多いはずです。問題解決のためには，行政との橋渡しを行政相談委員が行う必要があります。ただ，外国人からの相談を受け付けている相談委員は現状では少数にすぎません。

2022 年 9 月 30 日，「外国人からの相談対応に係る行政相談委員との勉強会」が北海道管区行政評価局において行われました。全国で初の企画です。参加した約 20 名の行政相談委員は，多言語音声翻訳アプリ Voice Tra を使って，ベトナムやブラジル出身の外国人留学生と外国人相談の模擬練習を行っています。「時には，思いも寄らない翻訳がされて思わず笑ってしまう場面もありましたが，必ずしも外国語が得意ではない人であっても，文明の利器を活用して，外国人からの相談を受けることができるという体験をしていただき，勉強会は非常に盛り上がりました」という報告がありました。

2020 年 10 月に行われた行政相談委員の地区会議で私は，「在住外国人の生活にも関心を持っていただきたい」と申し上げました。苦情・要望・意見を聴いて関係行政機関等につなげ，地域の外国人支援機関等と協力することはもちろん大切ですが，まずは相談員自らが問題意識を持ち対応する意欲を示すことが必要ではないかと私は考えています。

第16章

消費生活相談

第1節　在住外国人の消費者トラブル

在住外国人及び訪日外国人は，消費者法における「消費者」（消費者契約法2条1項）にあたります。しかし，入手できる情報の量及び質が「ことばの壁」等によって限られているほか，多くの場合，事業者に対する交渉力も平均的な日本人に比べて劣っています。そのうえ，消費者法の分野では新たな問題が次々と発生してきます。絶えず最新の情報を得てそれらの問題に対処することが求められるという特殊性があります。「消費者法の領域は完成することのない工事現場である」といわれるゆえんです。特に外国人は契約トラブル等の被害にあうリスクが高いため，その予防及び事後的な対応が重要になります。

第2節　消費者トラブルへの対応

1　消費者庁

消費者法の分野では，2004年6月に消費者基本法が成立しました。同法は，事業者・消費者・消費者団体・国等の責務を具体的に定めています。そして，2009年には消費者庁が発足しています。同庁は消費者行政全般を担う内閣府の外局で，情報の一元的収集・分析・発信，企画立案，法執行などを行っています。在住外国人等を対象とした消費生活相談体制の整備に取り組む地方公共団体に対しては，「地方消費者行政推進交付金」及び「地方消費者行政強化交付金」によって同庁が支援しています。

2　国民生活センター

国民生活センターとは，消費者基本法に基づき，国や全国の消費生活センター等と連携して，消費者問題における中核的機関としての役割を果たしている独立行政法人です。消費生活に関する情報を全国の消費生活センター等からPIO–NET（全国消費生活情報ネットワークシステム）を通じて収集し，その内容を分析したうえで，広報・研修等によって消費者被害の未然防止・拡大防止を図っています。PIO–NETの情報は，消費者政策の企画・立案や法改正にも活用されています。

在住外国人の消費生活トラブルについては，よくあるケース3つ（中古車購入，定期購入，賃貸住宅の敷金返還・原状回復）について，多言語（英語，中国語（簡体字），中国語（繁体字），韓国語，タイ語，ベトナム語，ポルトガル語，タガログ語，日本語）のリーフレットで事例や注意点を紹介しています。

近年は，海外ネットショッピングの隆盛に伴い，海外事業者と国内消費者との間のトラブルが増加しています。代金を支払ったが商品が届かない，返品したいが連絡がとれないなどです。そのため国民生活センターは，海外事業者との取引でトラブルにあった消費者のための相談窓口「国民生活センター越境消費者センター（CCJ：Consumer Center Japan）」を2015年6月に開設しています。

また，訪日観光客が日本滞在中に消費者トラブルにあったときの電話相談窓口として「訪日観光客消費者ホットライン（Consumer Hotline for Tourists）を2018年12月に開設しました。対応言語は，英語，中国語，韓国語，タイ語，ベトナム語，フランス語，日本語の7か国語です。2021年7月には専用サイト（チャットポット搭載）を開設しています。この専用サイトの対象となるのは，日本滞在中の消費者トラブル，たとえば商品の購入，飲食・宿泊・交通機関の利用に伴うトラブルの相談です。

3　地方自治体

地方自治体のなかには独自の相談窓口を設けているところがあります。

たとえば，東京都消費生活総合センターでは，電話による外国語（英語，中国語，韓国語）相談を実施しています。都内在住・在勤・在学の人が対象で，相談員を介して通訳オペレーターに電話でつなぐか，通訳者が同席して面談を行います。

愛知県消費生活総合センターでは，同県在住の外国人を対象にした消費生活相談窓口を開設しています。商品・サービスに関する契約トラブルや多重債務，製品事故等のトラブルについて，専門の相談員が月 1 回，通訳と同席して相談を受けています。

第 3 節　消費生活相談窓口の必要性

まず大切なのは消費者教育などトラブルの予防ですが，多言語のパンフレット等を配布してもなかなか情報が届かないのが実際のところです。そのため，実際に消費生活トラブルが発生したときにどう対応するかが重要になってきます。

国民生活センターは，全国の消費生活センター相談員や消費生活相談員，消費生活専門相談員等を対象にした研修を定期的に行っています。私は 2019 年 2

国民生活センター研修施設（相模原市）

月，神奈川県相模原市の国民生活センター研修施設で 2 泊 3 日の研修「専門知識アップデート講座」を受けてきました。消費生活相談業務に関する研修で，全国から消費生活相談員等の有資格者 74 名が参加しました。この研修では国民生活センターの業務内容についても学びましたが，今後増加する在住外国人への対応に関しては同センターの問題意識がまだ希薄であると感じました。

消費者トラブルの被害を受けやすい在住外国人については，相談体制の整備，特に相談窓口の設置が必要です。前述のとおり，越境消費者取引や訪日観光客のトラブルについては，国民生活センターが専門の相談窓口を設けています。しかし，在住外国人の消費生活トラブルについては，相談体制の整備が進んでいません。今後の課題です。

第17章

労働相談

第1節　外国人労働者

「外国人労働者」とは，日本国籍を持たずに日本国内で就労する者をいいます。

外国人の労働者数（特別永住者及び在留資格「外交」・「公用」の者を除きます）は2021年10月末現在，172万7,221人です（厚労省「外国人雇用状況」の届出状況まとめ)。前年比2,893人の増加となり，2013年から9年連続して過去最高を更新しました。ただ，新型コロナウイルス感染拡大の影響により，2021年の対前年増加率は0.2％。2020年の4.0％よりも3.8ポイント減少し，2013年から2020年の平均増加率13.6％を大きく下回っています。

在留資格別では，労働者数が増加したものは次のようになります。

① 特定活動：6万5,928人（前年比2万363人増加，増加率44.7％）
② 専門的・技術的分野の在留資格：39万4,509人（前年比3万4,989人，増加率9.7％）
③ 身分に基づく在留資格：58万328人（前年比3万3,859人，増加率6.2％）

一方，労働者数が減少した在留資格もあります。

① 技能実習：35万1,788人（前年比5万568人減，減少率12.6％）
② 資格外活動のうち留学：26万7,594人（前年比3万8,963人，減少率12.7％）

国籍別では，労働者数は次のとおりです。

① ベトナム：45万3,344人（外国人労働者数全体の26.2％）
② 中国：39万7,084人（同23.0％）
③ フィリピン：19万1,083万人（同11.1％）

これまで外国人労働者が増加してきた主な要因は，非熟練労働者，特に技能実習生，アルバイトで働く留学生などの増加によるものです。ただ，技能実習

外国人雇用事業所数・外国人労働者数（総数）

（単位：所、人）

	平成29年	対前年増減率	平成30年	対前年増減率	令和元年	対前年増減率	令和２年	対前年増減率	令和３年	対前年増減率
事業所数	194,595	12.6%	216,348	11.2%	242,608	12.1%	267,243	10.2%	285,080	6.7%
派遣・請負（注２）	17,312	5.6%	17,876	3.3%	18,438	3.1%	19,005	3.1%	19,226	1.2%
外国人労働者数	1,278,670	18.0%	1,460,463	14.2%	1,658,804	13.6%	1,724,328	4.0%	1,727,221	0.2%
（男性）	(677,702)		(772,926)		(881,913)		(918,169)		(910,081)	
（女性）	(600,968)		(687,537)		(776,891)		(806,159)		(817,140)	
派遣・請負（注２）	273,648	15.2%	309,470	13.1%	338,104	9.3%	342,179	1.2%	343,532	0.4%

注1：事業所数、外国人労働者数ともに、各年10月末現在。
注2：「派遣・請負」欄は、各年10月末現在における労働者派遣・請負事業を行っている事業所数及び事業所に就労している外国人労働者数を示す。
なお、労働者派遣事業等を行っている事業所に就労している外国人労働者のすべてが派遣労働者等であるとは限らない。

国籍別・在留資格別外国人労働者数（2021 年 10 月末現在）

令和３年10月末現在　（単位：人）

	総　数	①専門的・技術的分野の在留資格		②特定活動	③技能実習	④資格外活動		⑤身分に基づく在留資格					⑥不明
		計	うち技術・人文知識・国際業務			計	うち留学	計	うち永住者	うち日本人の配偶者等	うち永住者の配偶者等	うち定住者	
全国籍計	1,727,221	394,509 (22.8%)	291,192 (16.9%)	65,928 (3.8%)	351,788 (20.4%)	334,603 (19.4%)	267,594 (15.5%)	580,328 (33.6%)	345,460 (20.0%)	98,881 (5.7%)	16,589 (1.0%)	119,398 (6.9%)	65 (0.0%)
中国（香港、マカオを含む）	397,084 [23.0%]	125,817 (31.7%)	100,551 (25.3%)	5,179 (1.3%)	54,161 (13.6%)	86,690 (21.8%)	70,730 (17.8%)	125,231 (31.5%)	89,966 (22.7%)	18,082 (4.6%)	6,298 (1.6%)	10,885 (2.7%)	6 (0.0%)
韓国	67,638 [3.9%]	28,651 (42.4%)	25,115 (37.1%)	2,734 (4.0%)	16 (0.0%)	7,615 (11.3%)	6,504 (9.6%)	28,615 (42.3%)	20,473 (30.3%)	6,065 (9.0%)	501 (0.7%)	1,576 (2.3%)	7 (0.0%)
フィリピン	191,083 [11.1%]	14,316 (7.5%)	8,083 (4.2%)	4,693 (2.5%)	28,553 (14.9%)	2,767 (1.4%)	1,850 (1.0%)	140,748 (73.7%)	83,229 (43.6%)	20,224 (10.6%)	3,250 (1.7%)	34,045 (17.8%)	6 (0.0%)
ベトナム	453,344 [26.2%]	83,663 (18.5%)	61,116 (13.5%)	27,998 (6.2%)	202,218 (44.6%)	122,005 (26.9%)	109,583 (24.2%)	17,457 (3.9%)	7,914 (1.7%)	4,334 (1.0%)	1,496 (0.3%)	3,713 (0.8%)	3 (0.0%)
ネパール	98,260 [5.7%]	22,410 (22.8%)	16,756 (17.1%)	3,549 (3.6%)	596 (0.6%)	66,653 (67.8%)	36,406 (37.1%)	5,052 (5.1%)	2,545 (2.6%)	1,254 (1.3%)	558 (0.6%)	695 (0.7%)	0 (0.0%)
インドネシア	52,810 [3.1%]	7,905 (15.0%)	4,169 (7.9%)	3,461 (6.6%)	29,716 (56.3%)	5,065 (9.6%)	4,748 (9.0%)	6,663 (12.6%)	3,416 (6.5%)	1,628 (3.1%)	178 (0.3%)	1,441 (2.7%)	0 (0.0%)
ブラジル	134,977 [7.8%]	855 (0.6%)	529 (0.4%)	101 (0.1%)	60 (0.0%)	290 (0.2%)	239 (0.2%)	133,671 (99.0%)	66,321 (49.1%)	16,685 (12.4%)	1,118 (0.8%)	49,547 (36.7%)	0 (0.0%)
ペルー	31,381 [1.8%]	162 (0.5%)	77 (0.2%)	37 (0.1%)	59 (0.2%)	83 (0.3%)	72 (0.2%)	31,039 (98.9%)	21,156 (67.4%)	1,494 (4.8%)	756 (2.4%)	7,633 (24.3%)	1 (0.0%)
G７等	78,621 [4.6%]	43,442 (55.3%)	24,678 (31.4%)	1,575 (2.0%)	12 (0.0%)	2,486 (3.2%)	1,817 (2.3%)	31,069 (39.5%)	16,579 (21.1%)	13,466 (17.1%)	251 (0.3%)	773 (1.0%)	37 (0.0%)
うちアメリカ	33,141 [1.9%]	19,360 (58.4%)	9,498 (28.7%)	109 (0.3%)	3 (0.0%)	683 (2.1%)	457 (1.4%)	12,951 (39.1%)	6,906 (20.8%)	5,621 (17.0%)	89 (0.3%)	335 (1.0%)	35 (0.1%)
うちイギリス	11,917 [0.7%]	6,570 (55.1%)	3,921 (32.9%)	211 (1.8%)	0 (0.0%)	197 (1.7%)	139 (1.2%)	4,938 (41.4%)	2,800 (23.5%)	2,039 (17.1%)	30 (0.3%)	69 (0.6%)	1 (0.0%)
その他	222,023 [12.9%]	67,288 (30.3%)	50,118 (22.6%)	16,601 (7.5%)	36,397 (16.4%)	40,949 (18.4%)	35,645 (16.1%)	60,783 (27.4%)	33,861 (15.3%)	15,649 (7.0%)	2,183 (1.0%)	9,090 (4.1%)	5 (0.0%)

注１：［ ］内は、外国人労働者数総数に対する当該国籍の者の比率。（ ）内は、国籍別の外国人労働者総数に対する当該在留資格の外国人労働者数の比率を示す。
注２：「専門的・技術的分野の在留資格」には、在留資格「教授」、「芸術」、「宗教」、「報道」、「高度専門職1号・2号」、「経営・管理」、「法律・会計業務」、「医療」、「研究」、「教育」、「技術・人文知識・国際業務」、「企業内転勤」、「興行」、「介護」、「技能」、「特定技能」が該当する。
注３：在留資格「特定活動」（②）は、ワーキング・ホリデー、外交官等に雇用される家事使用人等の合計。
注４：在留資格「特定技能」は、①専門的・技術的分野の在留資格に含む。
注５：G７等とは、フランス、アメリカ、イギリス、ドイツ、イタリア、カナダ、オーストラリア、ニュージーランド、ロシアをいう。

生は，「途上国への日本の技術移転」などの建前とは裏腹に，原則として職場移転の自由が認められず，雇用主に従わざるを得ないために，低賃金で長時間労働をさせられているという構造的な問題があります。

少子高齢化が進むなかで，特に建設，農業，介護等の分野では慢性的な人手

都道府県別・在留資格別外国人労働者数

令和３年10月末現在　　　　（単位：人）

	全在留資格計	①専門的・技術的分野の在留資格		②特定活動（構成比）	③技能実習（構成比）	④資格外活動		⑤身分に基づく在留資格					⑥不明
		計（構成比）	うち技術・人文知識・国際業務			計（構成比）	うち留学	計（構成比）	うち永住者	うち日本人の配偶者等	うち永住者の配偶者等	うち定住者	
全国計	1,727,221	394,509 [22.8%]	291,192	65,928 [3.8%]	351,788 [20.4%]	334,603 [19.4%]	267,594	580,328 [33.6%]	345,460	98,881	16,589	119,398	65
1 北海道	25,028	5,966 (23.8%)	2,954	1,106 (4.4%)	12,223 (48.8%)	2,585 (10.3%)	2,199	3,147 (12.6%)	2,007	910	43	187	1
2 青森	3,861	617 (16.0%)	298	159 (4.1%)	2,256 (58.4%)	240 (6.2%)	201	588 (15.2%)	409	128	8	43	1
3 岩手	5,225	654 (12.5%)	251	253 (4.8%)	2,831 (54.2%)	413 (7.9%)	359	1,074 (20.6%)	769	257	9	39	0
4 宮城	13,415	2,504 (18.7%)	1,345	304 (2.3%)	3,919 (29.2%)	4,303 (32.1%)	3,984	2,384 (17.8%)	1,693	481	34	176	1
5 秋田	2,233	420 (18.8%)	126	24 (1.1%)	1,074 (48.1%)	154 (6.9%)	140	561 (25.1%)	424	106	4	27	0
6 山形	4,427	575 (13.0%)	371	91 (2.1%)	2,175 (49.1%)	157 (3.5%)	120	1,429 (32.3%)	1,079	228	17	105	0
7 福島	9,527	1,463 (15.4%)	848	304 (3.2%)	3,750 (39.4%)	1,127 (11.8%)	947	2,883 (30.3%)	1,743	673	40	427	0
8 茨城	43,340	7,342 (16.9%)	3,577	2,174 (5.0%)	14,351 (33.1%)	3,901 (9.0%)	3,030	15,572 (35.9%)	8,038	2,676	412	4,446	0
9 栃木	29,236	4,606 (15.8%)	2,799	1,830 (6.3%)	7,227 (24.7%)	2,285 (7.8%)	1,797	13,288 (45.5%)	7,430	2,159	325	3,374	0
10 群馬	46,449	5,658 (12.2%)	4,305	3,028 (6.5%)	9,416 (20.3%)	7,713 (16.6%)	5,634	20,634 (44.4%)	11,274	2,901	588	5,871	0
11 埼玉	86,780	14,507 (16.7%)	10,058	4,063 (4.7%)	15,404 (17.8%)	19,444 (22.4%)	13,217	33,362 (38.4%)	20,503	5,667	1,275	5,917	0
12 千葉	68,155	12,666 (18.6%)	8,205	3,365 (4.9%)	13,952 (20.5%)	15,317 (22.5%)	11,255	22,853 (33.5%)	14,366	3,921	814	3,752	2
13 東京	485,382	167,598 (34.5%)	138,136	18,082 (3.7%)	21,032 (4.3%)	143,666 (29.6%)	114,952	134,987 (27.8%)	86,254	27,659	4,048	17,026	17
14 神奈川	100,592	25,616 (25.5%)	18,365	3,571 (3.5%)	12,900 (12.8%)	15,190 (15.1%)	10,019	43,310 (43.1%)	28,808	6,446	1,530	6,526	5
15 新潟	10,262	1,711 (16.7%)	1,168	324 (3.2%)	3,778 (36.8%)	1,520 (14.8%)	1,339	2,929 (28.5%)	1,911	658	40	320	0
16 富山	11,467	1,637 (14.3%)	1,088	355 (3.1%)	5,305 (46.3%)	371 (3.2%)	214	3,799 (33.1%)	2,314	601	102	782	0
17 石川	10,606	1,675 (15.8%)	921	361 (3.4%)	4,738 (44.7%)	1,406 (13.3%)	1,263	2,426 (22.9%)	1,351	475	42	558	0
18 福井	10,524	1,077 (10.2%)	591	233 (2.2%)	3,865 (36.7%)	379 (3.6%)	326	4,970 (47.2%)	1,752	784	71	2,363	0
19 山梨	9,208	1,550 (16.8%)	1,124	175 (1.9%)	1,880 (20.4%)	787 (8.5%)	563	4,816 (52.3%)	2,751	858	113	1,094	0
20 長野	20,714	2,852 (13.8%)	1,860	1,161 (5.6%)	5,679 (27.4%)	1,028 (5.0%)	744	9,994 (48.2%)	5,795	1,867	200	2,132	0
21 岐阜	34,998	3,828 (10.9%)	2,485	864 (2.5%)	12,373 (35.4%)	2,160 (6.2%)	1,748	15,773 (45.1%)	9,016	1,781	499	4,477	0
22 静岡	66,806	8,109 (12.1%)	5,440	1,053 (1.6%)	13,067 (19.6%)	4,949 (7.4%)	4,172	39,627 (59.3%)	20,881	4,751	825	13,170	1
23 愛知	177,769	28,503 (16.0%)	20,230	4,792 (2.7%)	36,834 (20.7%)	19,974 (11.2%)	15,930	87,661 (49.3%)	48,490	11,092	2,349	25,730	5
24 三重	30,391	3,724 (12.3%)	2,664	811 (2.7%)	9,009 (29.6%)	1,711 (5.6%)	1,281	15,134 (49.8%)	8,229	1,716	402	4,787	2
25 滋賀	20,881	3,741 (17.9%)	2,958	259 (1.2%)	4,267 (20.4%)	916 (4.4%)	552	11,698 (56.0%)	5,396	1,764	201	4,337	0
26 京都	21,356	6,326 (29.6%)	4,033	791 (3.7%)	4,863 (22.8%)	4,051 (19.0%)	3,466	5,325 (24.9%)	3,511	1,208	121	485	0
27 大阪	111,862	31,947 (28.6%)	24,993	4,813 (4.3%)	21,498 (19.2%)	26,943 (24.1%)	22,665	26,661 (23.8%)	15,806	5,822	1,054	3,979	0
28 兵庫	45,558	10,076 (22.1%)	7,041	1,704 (3.7%)	10,974 (24.1%)	10,650 (23.4%)	8,968	12,153 (26.7%)	7,492	2,181	426	2,054	1
29 奈良	6,403	1,507 (23.5%)	1,046	259 (4.0%)	2,537 (39.6%)	757 (11.8%)	640	1,343 (21.0%)	820	278	43	202	0
30 和歌山	3,390	767 (22.6%)	489	163 (4.8%)	1,390 (41.0%)	221 (6.5%)	166	849 (25.0%)	527	216	16	90	0
31 鳥取	2,968	431 (14.5%)	210	88 (3.0%)	1,493 (50.3%)	261 (8.8%)	236	695 (23.4%)	476	165	5	49	0
32 島根	4,592	427 (9.3%)	228	64 (1.4%)	1,754 (38.2%)	287 (6.3%)	237	2,060 (44.9%)	638	377	17	1,028	0
33 岡山	20,584	3,795 (18.4%)	2,901	1,230 (6.0%)	8,566 (41.6%)	3,705 (18.0%)	3,095	3,288 (16.0%)	2,063	715	72	438	0
34 広島	36,547	5,099 (14.0%)	3,305	1,690 (4.6%)	15,001 (41.0%)	6,035 (16.5%)	5,365	8,722 (23.9%)	6,147	1,213	305	1,057	0
35 山口	8,932	1,368 (15.3%)	881	462 (5.2%)	3,659 (41.0%)	1,439 (16.1%)	1,248	2,004 (22.4%)	1,355	381	53	215	0
36 徳島	4,777	607 (12.7%)	265	258 (5.4%)	2,675 (56.0%)	417 (8.7%)	366	820 (17.2%)	469	254	14	83	0
37 香川	9,955	1,406 (14.1%)	726	527 (5.3%)	5,221 (52.4%)	830 (8.3%)	732	1,971 (19.8%)	1,091	404	59	417	0
38 愛媛	9,569	1,356 (14.2%)	714	612 (6.4%)	5,912 (61.8%)	384 (4.0%)	303	1,304 (13.6%)	806	305	26	167	1
39 高知	3,391	506 (14.9%)	146	79 (2.3%)	2,053 (60.5%)	195 (5.8%)	161	558 (16.5%)	349	149	7	53	0
40 福岡	53,948	10,070 (18.7%)	6,650	2,296 (4.3%)	13,004 (24.1%)	19,710 (36.5%)	17,794	8,868 (16.4%)	5,516	2,383	240	729	0
41 佐賀	5,391	677 (12.6%)	320	239 (4.4%)	2,508 (46.5%)	1,213 (22.5%)	1,101	754 (14.0%)	509	179	13	53	0
42 長崎	5,782	1,197 (20.7%)	515	330 (5.7%)	2,532 (43.8%)	987 (17.1%)	895	736 (12.7%)	477	204	11	44	0
43 熊本	13,013	2,139 (16.4%)	1,056	485 (3.7%)	7,734 (59.4%)	871 (6.7%)	716	1,784 (13.7%)	1,257	379	35	113	0
44 大分	7,313	1,137 (15.5%)	667	298 (4.1%)	3,528 (48.2%)	1,292 (17.7%)	1,176	1,058 (14.5%)	652	282	22	102	0
45 宮崎	5,236	662 (12.6%)	292	122 (2.3%)	3,419 (65.3%)	456 (8.7%)	402	577 (11.0%)	373	144	7	53	0
46 鹿児島	8,880	1,384 (15.6%)	667	200 (2.3%)	5,494 (61.9%)	386 (4.3%)	331	1,416 (15.9%)	906	353	15	142	0
47 沖縄	10,498	3,026 (28.8%)	1,880	476 (4.5%)	2,668 (25.4%)	1,817 (17.3%)	1,545	2,483 (23.7%)	1,537	730	37	179	28

注1：［　］内は、外国人労働者総数に対する在留資格別の外国人労働者数の比率。（　）内は、都道府県別の外国人労働者総数（全在留資格計）に対する在留資格別の外国人労働者数の比率を示す。

注2：在留資格「特定活動」（②）は、ワーキング・ホリデー、外交官等に雇用される家事使用人等の合計。

注3：在留資格「特定技能」は、①専門的・技術的分野の在留資格に含む。

不足に陥っていました。深刻な労働力不足に対応するため，出入国管理及び難民認定法（入管法）が2018年12月に外国人労働者の受け入れを拡大する内容に改正され，2019年4月に施行されました。新制度では，在留資格「特定技能1号」「特定技能2号」を創設。「1号」は一定技能が必要な業務に，「2号」は熟練を要する業務に就きます。新制度の中心を担う「出入国在留管理庁」も2019年4月に発足しています。

しかし，2019年12月から始まったコロナ禍は，外国人労働者に大きな影を落としました。雇用情勢の悪化により解雇されるなど職を失った外国人労働者は，母国に帰ることもできず，日本での生活に行き詰まりました。来日するために抱えた借金の返済のためにとにかく働ける職場を探そうと「失踪」したり，さまざまなトラブルを起こすようにもなりました。なかには，難民認定申請を行って何とか日本に在留しようとする元技能実習生も出てきました。また，就労を前提としないはずの留学生をこれまで事実上の労働者として受け入れてきましたが，コロナ禍で留学生はアルバイトなど就労の機会を失い，経済的に苦しい状況に追い込まれています。実習の継続が困難になった技能実習生に「特定活動」の在留資格を付与して就労を認めたり，「特定技能1号」への在留資格変更を促すなど，政府は支援策を打ち出しましたが，状況を好転させるには至りませんでした。外国人就労政策における建前と実体の乖離という問題が，コロナ禍を契機として露呈したといえます。

第2節　労働相談

外国人労働者にも，日本の労働法が日本人と同様に適用されます。憲法14条1項は「法の下の平等」を規定し，「人種」等による差別を禁止しています。労働基準法3条も，「使用者は，労働者の国籍，信条又は社会的身分を理由として，賃金，労働時間その他の労働条件について，差別的取扱をしてはならない。」としています。日本で働く労働者には，在留資格の有無にかかわらず労働基準法，最低賃金法，労働者災害補償保険法，職業安定法，男女雇用機会均等法などの労働者保護法規が適用されます。外国人が入管法の規定による在留資格に違反して就労している場合（いわゆる「不法就労」）でも，労働契約自体は有効であると考えられます。公法的な取締規定に違反しているにすぎず，公序良俗に違反する行為として無効（民法 90 条）となるものではありません。ただし，労働基準監督署が「不法就労」者の存在を知ったときは，入管法 62 条 2 項の公務員の通報義務に基づいて，入管に通報することも考えられます。なお，この通報については，労基署としての「本来の行政目的に十分留意しつつ」行うものとされています（1988 年 1 月 26 日付労働省労働基準局長・職業安定局長通達基発第 50 号・職発第 31 号）。労基署に保護を求めれば必ず通報されるという実務にはなっていないようです（『これだけは知っておきたい！外国人相談の基礎知識』48 頁参照）。

社会保険労務士法 2 条 3 号のいわゆる「3 号業務」（労務管理や社会保険などに関する相談，アドバイス，コンサルティング）は社会保険労務士の独占業務ではありません（同法 27 条）。したがって，行政書士も労働相談を業として受けることができます。

【社会保険労務士法】

（社会保険労務士の業務）
2 条　社会保険労務士は，次の各号に掲げる事務を行うことを業とする。
三　事業における労務管理その他の労働に関する事項及び労働社会保険諸法令に基づく社会保険に関する事項について相談に応じ，又は指導すること。
（業務の制限）
27 条　社会保険労務士又は社会保険労務士法人でない者は，他人の求めに応じ報酬を得て，第 2 条第 1 項第 1 号から第 2 号までに掲げる業務を業として行ってはならない。ただし，他の法律に別段の定めがある場合及び政令で定める業務に付随して行う場合は，この限りでない。

第3節　労働契約の準拠法・管轄

1 準　拠　法

外国人労働者が外国で労働契約を締結し，来日した場合，どの国の法律が適用されるのでしょうか。

法の適用に関する通則法は，準拠法について以下のように規定しています。

① 労働契約において適用すべき法を当事者が選択した場合，その地の法が準拠法となります（7条）。

② 労働契約において適用すべき法を当事者が選択しなかった場合は，労働契約の最密接関係地法が適用されます（8条1項）。

③ 労働契約において労働契約の最密接関係地法以外の法が選択された場合には，労働契約によって選択された地の法に加えて，「労働者が当該労働契約に最も密接な関係がある地の法中の特定の強行規定を適用すべき旨の意思を使用者に対し表示したときは，当該労働契約の成立及び効力に関しその強行規定の定める事項については，その強行規定をも適用する」こととなります（12条1項）。

2 管轄（国際裁判管轄）

国際裁判管轄については，民事訴訟法に特則があります（3条の4第2項，3条の5第1項）。

【民事訴訟法】

（消費者契約及び労働関係に関する訴えの管轄権）
3条の4　（略）
2　労働契約の存否その他の労働関係に関する事項について個々の労働者と事業主との間に生じた民事に関する紛争（以下「個別労働関係民事紛争」という。）に関する労働者からの事業主に対する訴えは，個別労働関係民事紛争に係る労働契約における労務の提供の地（その地が定まっていない場合にあっては，労働者を雇い入れた事業所の所在地）が日本国内にあるときは，日本の裁判所に提起することができる。

（管轄権の専属）

３条の５　会社法第7編第2章に規定する訴え（同章第4節及び第6節に規定するものを除く。），一般社団法人及び一般財団法人に関する法律（平成18年法律第48号）第6章第2節に規定する訴えその他これらの法令以外の日本の法令により設立された社団又は財団に関する訴えでこれらに準ずるものの管轄権は，日本の裁判所に専属する。

第4節　その他の問題

1　労働契約の内容

就労系の在留資格で就労している外国人労働者は，在留資格の取得・在留期間の更新等の際に「労働者に交付される労働条件を明示する文書」を提出する必要があるため，労働契約書が作成されているのが一般です。

これに対し，「日本人の配偶者等」の身分系の在留資格で就労している外国人労働者や，合法的な就労資格のない外国人労働者は，契約書を取り交わさず口約束で働くことが多く，契約内容が明確でない場合が多数を占めることになります。

労働契約の締結に際しては，使用者は賃金，労働時間その他の労働条件を労働者に明示する義務があります（労働基準法15条1項）。労働契約の不履行が問題となる場合には，労働契約の内容を確定することが必要になります。そのため，雇用契約書を作成するよう，使用者及び労働者の双方に促すようにしてください。

2　パスポートの取り上げ

外国人労働者の逃亡を防ぐため，使用者が労働者のパスポートを取り上げたり，前借金《ぜんしゃくきん》で拘束することが行われています。これは，強制労働の禁止（労働基準法5条）に該当し，これに違反した者に対する罰則（1年以上10年以下の懲役又は20万円以上300万円以下の罰金）も同法117条で規定されています。

3 中間搾取

専門的な技術・技能や知識を持つ外国人以外の外国人労働者は，自ら就労先を探すのが容易ではありません。そのため，友人やブローカーのつてで就職することが少なくなく，その際に手数料などの金銭の授受が行われているようです。

しかし，労働基準法6条は，「何人も，法律に基づいて許される場合の外，業として他人の就業に介入して利益を得てはならない。」と規定しています。したがって，労働関係の成立にあたってだけでなく，その存続の際にも，業として中間搾取を行うことは同条違反になります。これに違反した者の対する罰則（1年以下の懲役又は50万円以下の罰金）も同法118条1項で規定されています。

4 雇止め

外国人労働者の労働契約は，日本での在留期間内に限定されます。そのため，外国人労働者の権利行使の困難性という問題が生じます。

たとえば，入管法を悪用しようとする使用者は，在留期間の満了日直前になって契約更新拒否の意思表示（雇止め）をします。この場合，外国人労働者は直ちに出国しないとオーバーステイになってしまうため，賃金不払いなど労働法違反があったとしても，自らの権利を主張することは困難になります。

外国人労働者が雇止めなどを争う場合には，上申書を添付して入管に在留期間更新許可申請を行い，在留期間の更新許可を取得すれば，その後じっくりと使用者と交渉をすることができます。

5 中途解約

期間の定めのある労働契約（有期労働契約）については，使用者は「やむを得ない事由」がある場合でなければ，契約の中途解約をすることはできません（労働契約法 17 条 1 項)。「やむを得ない事由」は，期間の定めのない労働契約の解雇の有効要件である「客観的に合理的な理由を欠き，社会通念上相当であると認められない場合」(同法16条）よりも厳格なものであるとした裁判例もあります（宇都宮地裁栃木支決平成 21 年 4 月 28 日労判 982 号 5 頁)。

中途解約を争う場合で在留期限が間近になったときは，雇止めの場合と同様に，在留期間更新許可申請を行います。

第18章

在住外国人の社会保障

第1節　在住外国人の社会保障

スイスの作家マックス・フリッシュは「われわれは労働力を呼んだが，やってきたのは人間だった」という言葉を残しました。在住外国人も日本人と同様に「生活者」である以上，けがをしたり病気になることがあり，在留期間が長ければ高齢にもなります。在住外国人についても，日本人と同程度に日本の社会保障制度が適用されるのでしょうか。

以前の国民年金法には日本国籍を必要とするとの国籍条項がありました。そこで，この国籍条項が憲法25条等に違反するかが問題となった訴訟があります（最判平成元年3月2日判時1363号68頁（塩見訴訟））。最高裁は，「社会保障上の施策における外国人の処遇については，国は，特別の条約の存しない限り，当該外国人の属する国との外交関係，国際情勢，国内の政治・経済・社会的諸事情に照らした政治的判断により決定でき，限られた財源下での福祉的給付に当たり自国民を在留外国人より優先的に扱うことも許されるから，障害福祉年金の支給対象者から在留外国人を除外することは立法府の裁量の範囲に属する」と判示しました。

この塩見訴訟では改正前の国民年金法の国籍条項が問題になりましたが，1981年に日本が難民条約に加入する際，この国籍条項は削除されました。それに伴い，児童手当法等の多くの法律でも国籍条項が削除されています。同条約24条1項では，「締約国は，合法的にその領域内に滞在する難民に対し，次の事項に関し，自国民に与える待遇と同一の待遇を与える」とし（内外人平等の原則），その（b）項本文は「社会保障（業務災害，職業病，母性，疾病，廃疾，老齢，死亡，失業，家族的責任その他国内法令により社会保障制度の対象とされている給付事由に関する法規）」と規定しており，国籍条項と抵触するおそれがあったからです。

このように，国籍条項が削除され，在住外国人にも日本の社会保障制度が適用されるようになりました。ただし，在留資格の有無によって異なる取扱いとなっています。以下で在留資格がある場合，ない場合のそれぞれについて説明します。

1　在留資格がある場合

日本の社会保険の仕組みには，大別して医療保険（健康保険，国民健康保険，後期高齢者医療），年金（国民年金，厚生年金），介護保険，雇用保険，労災保険の5つがあります。

在留資格がある場合には，その就労形態によって，①健康保険及び厚生年金・国民年金（第2号被保険者），②国民健康保険及び国民年金（第1号被保険者）のいずれかが適用されます。いずれの就労形態であっても被保険者となって保険料を負担します。

日本と社会保障協定を締結している国に帰国する場合は，日本と当該国との年金加入期間を通算して年金受給権を得られたり，将来日本からも年金を受けられるようになったりします。ただし，脱退一時金を受給した場合には，その期間を年金加入期間に通算することはできません。脱退一時金とは，日本国籍を持たない人が国民年金，厚生年金保険（共済組合等を含みます）の被保険者資格を喪失して日本を出国した場合，日本に住所を有しなくなった日から2年以内に請求することができる一時金です。

社会保障協定を締結していない国に帰国する場合には，日本から出国して上記の期間内であれば，脱退一時金を請求することができます。脱退一時金を請求することができるのは，国民年金の第1号被保険者としての保険料納付期間又は厚生年金の被保険者期間が6か月以上あるけれども，受給資格期間の要件である10年を満たさないため，日本から年金を受けるのが難しい場合です。

なお，2022年時点で日本が社会保障協定を締結している国は，中国，韓国，フィリピン，インド，アメリカ，カナダ，ブラジル，オーストラリア，イギリス，ドイツ，フランス，アイルランド，オランダ，ルクセンブルク，スイス，チェコ，ハンガリー，スロバキア，スペインなどです。協定国及び協定内容は変動しうるため，最新の情報を入手し，脱退一時金を受けてよいのか慎重に判断する必要があります。

2 在留資格がない場合

社会保障に関する法律の多くは国籍条項がないため，在住外国人であれば在留資格がなくても社会保障制度が適用されるのでしょうか。

まず労災については，不法就労の外国人にも適用されます（昭和 63 年 1 月 26 日基発 50 号)。これに対して，健康保険や厚生年金については，不法就労者は退去強制の対象になる可能性があるため，常用の使用関係があるとはいえず，実務では被保険者資格は認められていません。

国民健康保険の被保険者や国民年金の第 1 号被保険者については，「都道府県の区域内に住所を有する」（国民健康保険法 5 条)，「日本国内に住所を有する」（国民年金法 7 条 1 項 1 号）ことが被保険者の資格要件となっています。この点，不法滞在の外国人について，「住所を有する者」（国民健康保険法 5 条）にはあたらないとして被保険者資格を認めず，病気になっても給付を認めなかった行政の対応を争った国家賠償請求訴訟があります。最高裁（最判平成 16 年 1 月 15 日民集 58 巻 1 号 226 頁）は，「同条は，日本国籍を有しない者で在留資格を有しないものを被保険者から一律に除外する趣旨を定めたものではない」としながらも，「同要件に該当するには，単に居住の事実だけでは足りず，少なくとも当該市町村を居住地とする外国人登録をして，在留特別許可を求めており，入国の経緯，在留期間等に照らし，当該市町村の区域内で安定した生活を継続的に営み，将来にわたってこれを維持し続ける蓋然性が高いと認められることが必要である」と判示しました。なお，この判決の傍論部分では「施行規則又は各市町村の条例において，在留資格を有しない外国人を適用除外者として規定することが許される」と述べられています。これを受けて，国民健康保険法施行規則が改正され，在留資格がない外国人等については国民健康保険の適用対象とならないことが明確になりました。

現在の実務では，国民健康保険，後期高齢者医療，国民年金，介護保険，児童手当については，不法滞在者を対象から除外しているようです。

第2節　生活困窮者に対する社会保障

1　生活保護

では，在住外国人が生活に困窮した場合，日本人と同様に生活保護を受けることができるのでしょうか。

生活保護法1条は，「この法律は，日本国憲法第25条に規定する理念に基き，国が生活に困窮するすべての国民に対し，その困窮の程度に応じ，必要な保護を行い，その最低限度の生活を保障するとともに，その自立を助長することを目的とする」として，その対象を「国民」と規定しています。そして，外国人は権利として生活保護の申請権を有していないというのが判例及び実務の考えです。

外国人と生活保護については2つの判例があります。まず，最判平成13年9月25日判時1768号47頁は，憲法25条との関係で「生活保護法が本邦に不法に残留する外国人を保護の対象にしていないことは，本条に違反しない」と判示しました。この判決で最高裁は，同条の趣旨に応えて具体的にどのような立法措置を講ずるかの選択決定は立法府の広い裁量であり，不法滞在者を保護の対象に含めるかは立法府の裁量の範囲内としました。そのうえで，生活保護法が不法滞在者を保護の対象としていないことは憲法25条に違反しないと判断しています。

また，最判平成26年7月18日判自386号78頁は，「通達に基づく行政措置として一定の範囲の外国人に対して生活保護が事実上実施されてきたとしても，立法措置を経ることなく生活保護法が一定の範囲の外国人に適用され又は準用される余地はなく，外国人は事実上の保護の対象となり得るにとどまり，同法に基づく受給権を有しない」と判断しました。これは，永住者の在留資格を有する外国人の生活保護申請が却下された処分の取消訴訟ですが，最高裁で訴えは却下されました。

このように，永住者など在留資格を有する外国人であっても生活保護法に基づく受給権が保障されているわけではないというのが最高裁の立場です。

もっとも，実務では，入管法別表第二記載の在留資格で日本に滞在する外国人（永住者，日本人の配偶者等，永住者の配偶者等，定住者）及び特別永住者には，行政上の措置として日本人に準じた保護が行われています。

2　生活保護を受給できない場合

一方，入管法別表第一記載の在留資格で日本に滞在する外国人や在留資格がない外国人は，現在の運用では生活保護を受けるのは難しいことが多いです。そのような場合には，以下のような生活保護以外の支援制度の利用を検討する必要があります。

(1)　社会福祉法人等の無料低額診療事業

社会福祉法の第二種社会福祉事業のひとつとして，生活困難者のために無料又は低額な料金で診療を行う「無料低額診療事業」（社会福祉法2条3項9号）があります。この制度は，国籍や在留資格の有無を問わず利用できます。

(2)　行旅《こうりょ》病人及行旅《こうりょ》死亡人取扱法に基づく制度

歩けないほどの病気にかかった旅行者で，診療を受ける財産を持ち合わせず，かつ助ける人もいないような場合に，市町村がその救護を行い，死亡した場合には市町村が埋葬・火葬をする制度が「行旅病人及行旅死亡人取扱法」に定められています。この制度も国籍や在留資格の有無を問わずに利用できますが，「旅行中」であることが要件となっています。この制度を市町村の負担で実施しているところもありますが，市町村ごとの判断ですので，必ずしも受けられるとは限りません。

(3)　地方自治体の医療費補填事業

医師法19条1項は，「診療に従事する医師は，診察治療の求があった場合には，正当な事由がなければ，これを拒んではならない。」と規定しています（医師の応召義務）。「正当な事由」として，医療費が支払われないかもしれないことは認められないと考えられています。そのため，医療機関が医療費を回収できない事態が生じることがありますが，その場合に自治体によっては独自に医療費補填制度を設けて未回収医療費の補填を行っています。

第19章

災害時対応・防災

第1節　災害時対応

1　大規模災害の発生

地震，津波，洪水など大規模災害が起きた時，在住外国人にどう対応すればよいでしょうか。

たとえば，「地震です。避難所に逃げてください」と防災無線でアナウンスをしても，ブラジル人など母国では地震を経験したことがない人もいます。避難所がどこにあり，そこで何ができるのかを理解している外国人は必ずしも多くありません。

阪神淡路大震災（1995年1月17日）では，被災地域に住む外国人のなかには日本語も英語も十分に理解できず，必要な情報・支援を受けることができなかった人がいたということは，第9章で説明したとおりです。「やさしい日本語」がこれを契機に考え出されました。

東日本大震災（2011年3月11日）でも，多くの外国人が被災しています。その際，「高台に避難してください」というアナウンスの日本語がわからず，そのうえ，近所付き合いがなく手を差し伸べてくれる人がいなかったため，命を落とした外国人がいたという報道がありました。

このように，大規模災害時には，情報提供の方法など外国人に特有の問題があり，そのための対応が必要になってきます。また，災害が起きる前の防災についても，普段の生活のなかで地域の人とのつながりを持っておくことが大切です。私たちが在住外国人とどのように日常的にコミュニケーションをとっておけばよいのか，それも課題になります。

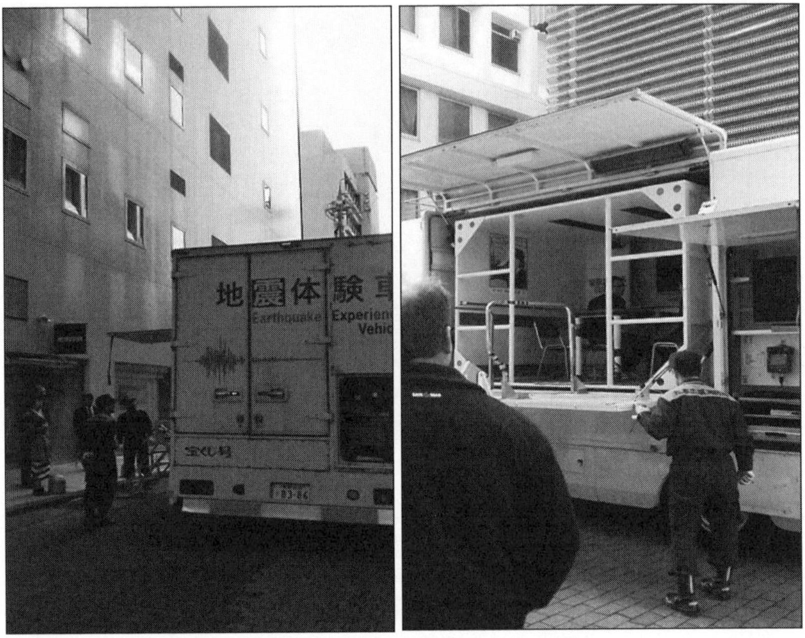

在住外国人が模擬地震を体験（2018 年 3 月，松本市多文化共生フォーラム）

2　情報レベルの見極め

大規模災害が発生した場合，被災地の自治体からは発災直後に次のような情報が出されます。

①　電気・ガス・給水・下水道等のライフライン情報

②　交通・病院情報，がれき置き場等の情報

③　放射線情報など専門性が高い情報

それぞれ情報レベルが異なり，それに対応して，迅速性や正確性など通訳・翻訳に要求されるレベルに違いが出てきます。

①②は，通訳・翻訳の正確性よりも，どちらかといえば迅速性が求められます。これに対して，③は正確性が要求されるため，通訳・翻訳者の言語レベルが担保される必要があります。東日本大震災の福島第一原発事故では，放射能に関する情報が錯綜したため，一時的に出国しようとして再入国許可を求める外国人が入管に殺到するなどパニックが生じています。

3 時系列で変化するニーズ

(1) 災害発生から 72 時間後まで

災害発生から 72 時間以内は，命を守り安全を確保するための重要な時間です。特に外国人は情報から孤立し，地域に知り合いがおらず，不安とパニックに陥ることが多くなります。行政や NPO 等の災害対応体制ができるのは，発災から 3 日以後になるケースがほとんどです。

そのため，この段階では，災害の種類や規模，交通機関の状況，二次災害(火災・余震・津波・土砂崩れ等)，被害状況，ライフライン（電気・ガス・水道等)，避難所・救護所の場所・サービスなどの情報提供をする必要があります。

(2) 避難生活

災害発生から数週間・数か月経過するまでは，避難生活を続けるなかでストレスがたまってきます。また，生活習慣の違いから，「外国人はルールを守らない」などといったトラブルが発生する可能性があります。逆に外国人からすると，「日本人から差別されている」という不満も生じかねません。さらに，先行きの見えない不安から，「一度，帰国したい」という希望も出てきます。

この時期には，被災した外国人の話をじっくりと聴いてニーズを把握し，交通機関やライフラインの復旧状況などを知らせます。また，日本人に対してワークショップなどを通じて異文化理解を促し，外国人の母語でのカウンセリングなども行います。外国人にボランティアで参加してもらい，外国料理の炊き出しなどをすることもよいでしょう。

(3) 生活再建

2 か月後ぐらいから災害に対する世間の関心が薄れてきます。さまざまな支援制度（罹災証明書，仮設住宅，義援金，税金の減免，融資制度等）が利用できるようになりますが，外国人はサービスの存在自体を知らないことが多いため，日本人との間で情報格差・サービスの格差が進むおそれがあります。災害発生の初期と比べて各人のニーズが多様化・複雑化するため，サポート機関や各種専門家との連携が必要になってきます。生活再建には数年かかることから，息の長いサポートが求められます。

4　災害時における翻訳活動の 3 原則

災害時には，行政情報，入管の情報，民間の支援情報などを的確に翻訳して外国人被災者に提供する必要がありますが，その際の翻訳活動については 3 原則があります。

①　早く

災害時には情報が刻々と変化するため，翻訳にも迅速な対応が求められます。特に英語に訳せば，外国人ボランティアが英語から他の少数言語に翻訳することが可能になります。

②　見やすく

長い文は短く分ける，箇条書きにするなど，すぐに情報を見つけられるような工夫が必要です。

③　わかりやすく

読んですぐに理解できる翻訳が求められます。特に英語は，ネイティブではない人が読むことが多いため，中学生レベルの英語がよいとされます。

5　災害時における通訳の 3 原則

災害時の通訳では，「正確性」「中立性」「倫理性」の 3 つが原則です。

①　正確性

相手に伝わるようにきちんと伝えること。「引かない・足さない・変えない」が鉄則です。また，言語だけではなく文化も通訳し，わからないときや誤訳に気づいたときは，その場ですぐに対応することが必要です。

②　中立性

コミュニケーションの橋渡しに徹し，中立的な立場を保つこと。個人的な意見・助言をはさまないようにします。

③　倫理性

ボランティア通訳として責任ある行動をすること。通訳するなかで知り得た情報を外部に漏らさないこと（守秘義務）や，遅刻・キャンセル等をしないことなどです。

第2節　在住外国人の防災講座

長野県は2022年10月23日，「糸魚川静岡構造線断層帯を震源とするマグニチュード8.5の地震が発生し，松本市内で最大震度7を観測した」という想定で防災訓練を実施しました。その中で同市中央公民館（Mウィング）では，外国人住民等の被災支援のため災害時多言語支援センターを開設し，運営シュミレーションを行いました。同県主催の防災講座も同じ会場で行われ，私も参加しました。参加者は在住外国人約20名，日本人約10名です。

防災講座の内容は，①災害が起こるとどうなるの？　②マイ・タイムラインを作ってみよう，③避難所訓練，④非常持ち出し袋の4つでした。

1　災害が起こるとどうなるの？

まず，「災害」という言葉は外国人にとっては耳慣れない言葉です。この講座で初めて聞いたという外国人参加者もいました。

災害が起きたら，停電し，水道が使えなくなるなど，電気・ガス・給水・下水道などのライフラインが機能しなくなります。自宅が倒壊するかもしれません。

（1）避難所への移動

そのような場合には「避難所」に移動することになります。しかし，「避難所」がどのような場所なのかを理解していない外国人に対しては，そこで寝泊りができ，救援物資や支援を受けられる場所であることを説明する必要があります。そのうえで外国人は，自分が避難すべき避難所がどこにあるのかを自分自身で確認しておかなければなりません。

では，避難所に避難するのはどのような状況になった場合でしょうか。

各自治体が作成したハザードマップがありますので，川の水があふれたときの「洪水ハザードマップ」を確認します。浸水深（あふれた川の水が来る高さ），浸水継続時間（あふれた川の水が残る時間），家屋倒壊等氾濫想定区域（川の水があふれると家が壊れるかもしれない場所）がわかります。

国土交通省が運営する「ハザードマップポータルサイト」（https://disaportal.gsi.go.jp）では，災害リスク情報等を地図に重ねて表示することができます。表示情報（洪水，土砂災害，高潮，津波，道路防災情報，地形分類）ごとに，自宅等の場所を入力すると必要な情報を確認できるようになっています。防災講座では，実際にスマートフォンを使ってこの確認作業を行いました。

また，松本市では外国人転入時に「防災ハンドブック」の二次元コード一覧表を多言語（やさしい日本語，英語，中国語，韓国語，ネパール語，ポルトガル

松本市の「防災ハンドブック」（外国語版）

語，タイ語，ベトナム語，タガログ語）で配布しています。

(2) 避難所に持っていくもの

避難所にどんなものを持って行くかについても，事前に考えておく必要があります。外国人の場合は，在留カードは必須。パスポートも持っていった方がいいです。そのほか水，健康保険証，現金，スマートフォンの充電器，眼鏡，生理用品など。

(3) 避難所での生活

避難所には自治体からさまざまな情報が届きます。そして，一日のスケジュール表が貼ってあり，起床・就寝時間等が決められています。食事はおにぎり，パン，カップラーメン等が多く，豚汁等あたたかい汁物の炊き出しも。自衛隊がお風呂を作ってくれることがあるようです。

ただ，ムスリムの礼拝室や礼拝前の洗浄場所は特別な場合以外ありません。電話は外でかける，ゴミの分別はきちんと行う，避難所から外出するときは運営者に声をかけるなどのルールが決められます。

2 マイ・タイムラインを作ってみよう

災害でこれまで多くの人が亡くなっていますが，よくある原因は逃げるのが遅れたことです。「マイ・タイムライン」は，災害発生時に安全に逃げることができるよう，あらかじめ一人ひとりが作っておくタイムライン（防災行動計画）です。これを作っておくことで，いざというときに落ち着いて行動できるようになります。

たとえば，東京都防災ホームページ（https://www.bousai.metro.tokyo.lg.jp）では，マイ・タイムラインの作り方やシートが掲載されていますので，ご覧いただければと思います。

3　避難所訓練

初めての避難所生活では，特に外国人は不安を抱えており，わからないことが多数出てくるはずです。たとえば，以下のような質問が想定されます（出典：NPO 法人多文化共生マネージャー全国協議会）

分類	質問
地震	・どうして地震があったのですか？ ・もっと大きな地震がくるとききました。だいじょうぶですか。
家族	・家族は，私がここに逃げてきているのを知りません。 ・携帯もつながらないし，どうやって連絡をとったらいいですか？ ・自分の国の家族に無事を伝えたいです。どうしたらいいですか？
避難所	・ここは安全ですか？
ペット	・ペットと一緒に避難してきたのに，ペットを避難所に入れてもらえませんでした。どうしたらいいですか？
家に戻りたい	・アパートに着替えとか，パスポートとか，取りに行きたいです。 ・アパートに帰ってもいいですか？
シャワー	・シャワーを浴びたいです。
赤ちゃん	・私は妊娠 5 か月です。お腹が張って苦しくなってきました。どうしたらいいですか。 ・生後 2 か月の赤ちゃんと逃げてきました。赤ちゃんが泣くから大変です。どうしたらいいですか？
アレルギー	・肌が弱くて，アルコール消毒が使えません。 ・アルコール以外で手を消毒できるものはありますか？
熱が出た	・熱が出てきました。どうしたらいいですか？
薬	・いつも飲んでいる血圧を下げる薬を持ってくるのを忘れてしまいました。 ・薬をもらうことはできますか？

食事	・私は小麦アレルギーです。 ・私の食べられる食事はありますか？
仕事	・私は会社に連絡をしないで仕事を休んでしまいました。 ・会社に私がここにいるのを知らせたいです。
保険証	・病院に行きたいのに，健康保険証をなくしてしまいました。どうしたらいいですか？
お金	・お金を持ってくるのを忘れました。 ・お金を貸してください。
ボランティア	・私は元気です。避難所でボランティア活動ができますか？
高齢者	・一緒に避難してきた父は認知症です。夜中に騒ぐこともあります。どうしたらいいですか？

防災講座では，在住外国人が避難所に逃げてきたという想定で，英語や中国語等の災害時ボランティアが外国人の質問に対応しました。

フィリピン人，タイ人らの避難者には中国語の通訳者が対応しました。お互いの言語は理解できませんが，翻訳アプリで対応することができたそうです。翻訳アプリのVoice Traは結構使えるようです。ただし，モンゴル人の避難者は，「モンゴル語・日本語の翻訳アプリは7割ぐらいの正確さなので，このアプリを使った場合に相手から誤解されないか心配です」と話していました。

また，翻訳アプリに頼るのはいいが，避難所ではインターネット接続に不安があるとの意見も出ました。これに関連して，「言葉が通じなくても動作や絵で伝達できるのだから，紙と鉛筆があれば大丈夫」と話した外国人もいました。

講師のNPO法人多文化共生マネージャー全国協議会・多文化マネージャー村上典子氏は，「避難所の外国人を支援するときは，一緒に避難所にいる日本人にも同じように声がけをしてください。外国人を特別扱いしないことが必要です」と話されました。

在住外国人の避難所体験（2022 年 10 月，長野県民のための防災講座）

4　非常持ち出し袋の内容

非常持ち出し袋のなかには，特に次のものを入れておくとよいです。

内容	説明
水	1 日に必要な量は，1 人 3 リットルといわれます。3 日分は必要です。
給水バッグ	給水車が避難所に水を運んできたときに，3 リットルの水が入る袋。かさばらないので便利です。
レスキューシート	体温を逃さないように全身を包むアルミシート
ファーストエイド	ウエットティッシュ，マスク，バンドエイド，テープ，薬ケース，綿棒，常備薬など
携帯トイレ（簡易トイレ）	被災地に仮設トイレが届くまでには時間がかかります。その間，トイレを我慢すると体調不良等がおきてしまいます。

軍手	家屋や家具の撤去作業等でのけがを防止するために必要です。
スリッパ	破片など地面の危険物から足を守るため。就寝時には，履いて逃げられるように枕元に置いておきます。
レインコート	雨天のときに使用します。
懐中電灯	スマートフォンのライトも使えます。
スマートフォンの充電器	家族等との連絡や災害情報入手のため，スマートフォンは欠かせません。災害時は電気が使えない可能性があるため，スマホのポータブル充電器を用意しましょう。
アルファ米	炊き上げたお米を急速乾燥させた長期保存食。水又はお湯を注ぐだけでご飯ができます。白米のほか五目ごはんやピラフ，ドライカレーもあります。防災講座では，実際にアルファ米に水を注いで，ご飯を作る実演がありました。

第3節　避難行動要支援者名簿への登録

1　トリアージ

「トリアージ（triage）」という言葉があります。フランス語で「選別」という意味です。

救急医療において，傷病の緊急度や重症度によって傷病者を選別し，処置の優先度を決めることです。災害時にも，多数の傷病者がいる場合には，限られた医薬品等でできるだけ多くの人を救助するために行われます。南海トラフ巨大地震対策の最終報告では，避難所に優先して受け入れる「弱者」として，自宅を失った人，高齢者，障がい者らを挙げています。

「トリアージ」の考え方を導入する場合に問題となるのは，誰を「弱者」として選別するかという基準と，実際に災害が起きたときに「弱者」をどう見分けるかの2つです。

「弱者」を選別する基準を設ける際に，もれてくる人がいます。たとえば外国人です。外国人は情報から孤立し，日頃から地域での交流が少なければ不安とパニックに陥ることになります。なかには地震の経験がない人もいます。

たしかに，避難所に誰を優先して受け入れるかを考えると，避難する場所を失った人や体の弱い人をまず挙げるのは当然でしょう。しかし，外国人は帰宅を促されても，情報が得られずに孤立するおそれがあります。

日頃から外国人も日本人もお互いにつながりを持ち，支え合うことが必要です。

2　避難行動要支援者名簿への登録

2011年の東日本大震災を受けて，2013年6月に災害対策基本法が改正されました。改正法では，「避難行動要支援者名簿」の作成を国がすべての自治体に義務づけています。

「避難行動要支援者」には，高齢者，障がい者，妊産婦，乳幼児等とともに外国人も含まれます。氏名や住所，電話番号，避難支援等を必要とする理由などを名簿に登録しておくことで，地域における見守りと災害時の迅速な安否確認，避難支援，避難所支援などに役立てることが目的です。名簿は町会や民生委員・児童委員，社会福祉協議会等に提供されます。行政書士の皆さんには，知り合いの在住外国人に名簿登録を呼びかけていただければと思います。

第20章

在住外国人の法教育

第1節　法　教　育

1　法教育とは

法教育とは，法律専門家ではない一般の人々が，法や司法制度，これらの基礎になっている価値を理解し，法的なものの考え方を身につけるための教育をいいます。2022年4月から実施された成年年齢引下げなどに伴い，法教育の重要性及び必要性は近年ますます高まっています。法教育の普及・推進に力を入れている法務省では，法教育が目指すものは「自由で公正な社会を支える人材の育成」であるとして，次の2つを挙げています。

① 社会のなかでお互いを尊重しながら生きていくうえで，法やルールが不可欠なものであることへの理解を深める。

② 他人の主張を公平に理解し，多様な意見を調整して合意を形成したり，法やルールにのっとった適正な解決を図ったりする力を養う。

そして，法教育の主な内容としては，「法やルールの意義・役割，より良いルールの作り方」「契約自由の原則など私法の基本的な考え方」「個人の尊重，自由，平等などといった法の基礎となっている基本的な価値」「司法の役割や裁判の特質」などがあります。

2　法教育の対象

法教育の主な対象は，一般には小中高校生と考えられています。たとえば，日本行政書士会連合会は「法教育」について次のように説明しています。

> 「法律は一見近寄りがたく捉えられがちですが，実は市民生活の基本で

あり，法律や司法制度などの基礎になっている価値や，法的なものの考え方を知ること，法的な権利やそれに伴う責任等について，自由な活動範囲が広がることに備え，将来の法を担う主権者となる子供たちに伝えることが法教育に必要なことであると考え，都道府県行政書士会における法教育の推進に取り組んでいます。

近年，インターネットやそれを閲覧するための環境の急速な普及・拡大に伴い，青少年や若年層にも契約や著作権，サイバー犯罪を巡るトラブルに巻き込まれるケースが増えており，児童・生徒等の学生らが市民社会を送る中で，法律に触れ，学び，考える場として，また，行政書士の業務が，いかに一般の人々の日常生活に深く関わるものであるかの理解を深めてもらうための良い機会として，今後も法教育活動の推進に取り組んでまいります。

第2節　在住外国人の法教育

これまでの法教育では，「在住外国人」を対象としたものはほとんどありませんでした。

しかし，第16章（消費生活相談）でみたとおり，在住外国人は契約トラブル等の被害にあうリスクが高く，被害にあう前の予防が必要です。また，第17章（労働相談）では，外国人労働者が労働基準法や労働契約法等の法律知識を持たないがゆえに，労働法違反の契約等を甘受している現状を確認しました。社会保障（第18章）や防災・災害時対応（第19章）についても，法律や制度の知識はぜひとも必要です。

さらに，外国にルーツを持つ子どもは増えていますが，外国籍の子どもは就学義務がないため，不就学の子どもの問題も生じています。文部科学省は2019年，外国籍の子どもの就学状況について初めて全国調査を行いました。それによると，日本に住む義務教育学齢相当の外国人の子ども12万4,049人（小学生相当8万7,164人，中学生相当3万6,885人）のうち，15.8％に当たる1万9,654人が，国公私立学校や外国人学校などに在籍していない不就学の可能性があることがわかっています。

以上より，在住外国人に対しても，以下のような法教育を行う必要があると考えられます。

1　労働法の法教育

労働者に対して，労働基準法，労働契約法，最低賃金法，労働組合法，労働者災害補償保険法などの労働法の教育を行い，自らの権利を守るための知識習得の機会を与えなければなりません。

また使用者に対しても，国籍による雇用差別や不当解雇をなくし，最低賃金や法定の労働時間を守るような法教育をする必要があります。

2　消費者教育

国民生活センターは，在住外国人の消費生活トラブルが多い中古車購入，定期購入，賃貸住宅の敷金返還・原状回復の 3 つについて，多言語のリーフレットを発行しています。このような文書で注意を呼びかけることと並行して，対面の講習等で消費者教育をすることも必要です。文章を読む習慣がない外国人や，情報にアクセスできない人もいるからです。

3　社会保障や防災・災害時対応の法教育

社会保障や防災・災害時対応は，問題が生じる前にきちんと準備をしておくべき分野です。制度や対応方法について，日本人と比べて問題意識が希薄な在住外国人も多いと思われます。法教育が必要なゆえんです。

4　外国にルーツを持つ子どもに対する法教育

前述のとおり，法教育の主な対象は小中高校生です。しかし，この小中高校生のなかで「外国にルーツを持つ子ども」は特別には意識されておらず，いわば周辺的な存在として扱われてきました。不就学の子どもを生じさせないよう，学校や地域で「外国にルーツを持つ子ども」を受け入れたうえで，民主主義の理解から始める法教育，ルールやきまりの理解から始める法教育を行う必要があります。

第21章

地域社会と多文化共生

第1節 「多文化共生」についての社会の関心

松本には東北大学OBの同窓会「松本青葉会」があります。コロナ禍の前には毎年6月に開催されていました。毎回，同窓生のひとりが20分ほど講演をしています。2014年には38回目の「松本青葉会」が開かれ，私が「多文化共生について」というテーマでお話しさせていただきました。冒頭，次のような問いを投げかけてみました。

「〈多文化共生〉という言葉を，ご存知の方はいらっしゃいますか？」

手を挙げた方はただ一人。信州大学の当時の学長だけでした。昭和35年（1960年）卒業の大先輩から平成18年（2006年）卒業の若手まで，私を含めて21名が参加していまました。この時は予想以上にアウェー感を覚え，「多文化共生」というテーマの厳しい現実を目の当たりにしました。

この2014年は私が行政書士登録して5年目にあたります。「多文化共生」の活動の下地をつくっていた時期です。在留資格・帰化等の国際業務に熱心に取り組む行政書士の同業者は多数いましたが，渉外相続を含む「多文化共生」に目を向ける人は周りにいませんでした。しかし数年前から，行政書士会でもこのテーマにようやく光が当たり始めました。

2022年4月の日本行政書士会連合会（日行連）の会報「月刊　日本行政」（第593号）では，冒頭の「将来の展望」で常住豊・日行連会長が，2022年度事業計画の策定の基本になる考え方として「3つの共生」，すなわち地域との共生，役所との共生，他士業との共生を挙げたうえで，「これらに加え多文化共生社会の実現を目指すことにより，地域住民に愛され，期待される活動の基礎をつくり，飛躍させ，充実させたいと考えています」と書かれています（同書2頁）。

これに先立つ同年3月8日には，「行政書士による権利擁護公開セミナー『外国人との共生社会の形成のために』～行政書士は，多文化共生社会づくりのパートナー」が日行連主催で開催されています。基調講演「多文化共生社会の形成に向けて」は，多文化共生の分野の第一人者である明治大学国際日本学部の山脇啓造教授が行われました。これに続くトークセッションで山脇教授は，「これまでの有識者会議に行政書士がいなかったのはどうしてだろうか。外国人住民にとって大切な在留資格をサポートする行政書士の力，貢献は大きいと思う。ぜひ，全国各地の取組みを集約化して，行政書士の皆様ができることを広く社会に伝えていただきたい」と激励の言葉を述べられています。このセミナーはオンライン形式で配信され，申込者は 468 名（うち会員外参加者 141 名）でした。セミナーの報告記事は，2022 年 5 月発行の会報「月刊　日本行政」（第 594 号）に掲載されています。

第 2 節　「複合の美」という考え方

民藝運動の創始者のひとりに柳宗悦《やなぎむねよし》（1889–1961 年）がいます。彼は，「複合の美」という考え方を唱えた思想家でもありました。

【民芸運動】

> 1926（大正 15）年に柳宗悦・河井寛次郎・浜田庄司らによって提唱された生活文化運動。名もなき職人の手から生み出された日常の生活道具を「民藝（民衆的工芸）」と名づけ，美は生活のなかにあると語りました。そして，各地の風土から生まれ，生活に根ざした民藝には，用に即した「健全な美」が宿っているとして，新しい美の見方や美の価値観を提示しました。大量生産のなかで失われていく各地の「手仕事」の文化を案じ，近代化＝西洋化といった安易な流れに警鐘を鳴らしたのが民藝運動です。日本民藝館（東京・目黒区駒場）をはじめ，各地に民藝館があります（日本民藝協会 HP「民藝とは何か」参照）。

「複合の美」とは，たとえば梅の花は，桜の花をそしることなく梅であるのがよく，桜も梅もそれぞれ独自性を保ち，互いを尊重しながら持ち味を発揮することが自然界全体を豊かにするという考え方です。多文化・多民族が共生する社会の実現を目指す「多文化共生」の考え方と同じです。

また，「複合の美」は，価値相対主義や環境問題の生物多様性保全とも通底しています。「複合の美」の思想は，現代社会を豊かにする方途を示すものだと思います。

第3節　多文化共生意識の向上へ

多文化共生の課題のなかで，最もハードルが高いと私が日頃感じているのは，「地域社会に対する意識啓発」です。第2章で問題点一覧の冒頭に持ってきたのがこれであり，第3次松本市多文化共生推進プランの施策体系のなかでも，最上部に位置しているのが「地域住民への意識啓発」です。

子どもの教育を例にとると，外国籍の子どもは義務教育の対象ではないがゆえに，不就学の子どもが出てきてしまいます。少なくとも義務教育を受けなければ，本人の人生の選択肢が狭まってしまいます。それだけでなく，日本社会に馴染めないまま大人になれば社会のリスクとなる可能性が出てきます。

「われわれは労働力を呼んだが，やって来たのは人間だった」と言った作家がいます。「途上国への日本の技術移転」という建前とは裏腹に，技能実習生は労働力として受け入れられ，人としての基本的な権利が保障されているとはいえません。原則として職場移転の自由が認められず，多くは低賃金で長時間労働を強いられているのが実態です。

また，在住外国人が日本で生活していくうえで欠かせない日本語教育についても，ボランティア任せであり，国・自治体・企業が本来は負担すべきコストをボランティアに負わせています。

これらの構造的な問題は，制度の改善によって解決できるはずのものです。

また，多文化共生は外国にルーツを持つ人たちとの「地域づくり」でもあります。在住外国人から私自身，地域の日本語教室等で生きる力，学ぶ姿勢を教えていただいていることは，特に「第8章　日本語教育」で詳しくご紹介したとおりです。

行政書士の皆さんにも是非，多文化共生の分野に関心を持っていただきたいというのが私の願いです。

主要参考文献

1　憲法

芦部信喜，高橋和之補訂『憲法　第7版』（岩波書店，2019年）

樋口陽一『憲法　第四版』（勁草書房，2021年）

佐藤幸治『憲法〔第3版〕』（青林書院，1995年）

長谷部恭男ほか（編）『憲法判例百選Ⅰ［第7版］』（有斐閣，2019年）

『令和3年度　重要判例解説』憲法3事件，国際法2事件（有斐閣，2022年）

2　比較憲法

樋口陽一『比較憲法〔全訂第三版〕』（青林書院，1992年）

3　入管法

山脇康嗣『詳説　入管法と外国人労務管理・監査の実務―入管・労働法令，内部審査基準，実務運用，裁判例―〔第3版〕』（新日本法規，2022年）

山脇康嗣『特定技能制度の実務―入管・労働法令，基本方針，分野別運用方針・要領，上乗せ告示，特定技能運用要領，審査要領』（日本加除出版，2020年）

山脇康嗣『技能実習法の実務』（日本加除出版，2017年）

山脇康嗣『入管法判例分析』（日本加除出版，2013年）

高宅茂『入管法概説』（有斐閣，2020年）

多賀谷一照（編著）『実務裁判例　出入国管理及び難民認定法』（日本加除出版，2016年）

山田鐐一ほか『よくわかる入管法　第4版』（有斐閣，2017年）

外国人ローヤリングネットワーク（編）『外国人事件ビギナーズ ver.2』（現代人文社，2020年）

鈴木江理子・児玉晃一（編著）『入管問題とは何か―終わらない〈密室の人権侵害〉』（明石書店，2022年）

「Journalism 378号（特集　入管）」（朝日新聞社，2021年）

平野 雄吾『ルポ 入管―絶望の外国人収容施設』（ちくま新書，2020年）

澤田 晃宏『ルポ 技能実習生』（ちくま新書，2020年）

4　国際法

岩沢雄司『国際法』（東京大学出版会，2020年）

山本草二『国際法（新版）』（有斐閣，1994 年）
尾﨑久仁子『国際人権・刑事法概論〔第 2 版〕』（信山社，2021 年）
Harris, D. & S. Sivakumaran, Cases and Materials on International Law (London, 9th ed. 2020)
佐藤義明ほか『ここからはじめる国際法―事例から考える国際社会と日本の関わり』（有斐閣，2022 年）
藤田早苗『武器としての国際人権　日本の貧困・報道・差別』（集英社新書，2022 年）
「特集　事例で学ぶ国際法の基本問題」法学教室 491 号（有斐閣，2021 年 8 月）
森川幸一ほか（編）『国際法判例百選［第 3 版］』（有斐閣，2021 年）

5　国際私法

澤木敬郎・道垣内正人『国際私法入門〔第 8 版〕』（有斐閣，2018 年）
神前禎『プレップ国際私法』（弘文堂，2015 年）
奥田安弘著『国際家族法〔第 2 版〕』（明石書店，2020 年）
「特集　国際私法を鳥瞰する」法学教室 424 号（有斐閣，2016 年 1 月）
小出邦夫（編著）『一問一答　新しい国際私法』（商事法務，2006 年）
道垣内正人・中西康（編）『国際私法判例百選［第 3 版］』（有斐閣，2021 年）

6　渉外相続実務

岡田忠興『行政書士　渉外相続業務』（税務経理協会，2021 年）
渉外家事事件研究会（編）『Q&A　渉外家事事件の実務と書式』（民事法研究会，2020 年）
大谷美紀子（編著）『最新　渉外家事事件の実務』（新日本法規出版，2015 年）
外国人ローヤリングネットワーク（編）『外国人事件ビギナーズ ver.2』（現代人文社，2020 年）
第一東京弁護士会人権擁護委員会国際人権部会（編）『外国人の法律相談 Q&A（第四次改訂版）』（ぎょうせい，2019 年）
最高裁判所事務総局家庭局（監修）『渉外家事事件執務提要（下）』（法曹会，1992 年）
村井壯太郎「渉外家事事件について」家庭事件研究会（編）『ケース研究　342』（日本調停協会連合会，2021 年）
志田博文「渉外相続について（準拠法の確定及び渉外遺言を中心として）」『月刊　日本行政　第 599 号』（日本行政書士会連合会，2022 年）

7　ハーグ条約（国際的な子の奪取の民事上の側面に関する条約）

外務省領事局ハーグ条約室「ハーグ条約（国際的な子の奪取の民事上の側面に関する条約）の実施状況」（2022年11月1日）
外務省「ハーグ条約と国内実施法の概要」（2022年10月12日）
大谷美紀子・西谷祐子（編著）『ハーグ条約の理論と実務 ― 国境を越えた子の奪い合い紛争の解決のために』（法律文化社，2021年）
井上由香梨ほか「ハーグ条約における「ウェブ見まもり面会交流支援」について」家庭事件研究会（編）『ケース研究　341』（日本調停協会連合会，2021年）
土方正樹「「国際的な子の奪取の民事上の側面に関する条約」における子の異議の実務―日英の子の専門家の役割の視点から―」同『ケース研究　339』（日本調停協会連合会，2020年）
渡辺健一「子の返還に関する調停の実務―東京家庭裁判所における調停の実践例から―」同『ケース研究　334』（日本調停協会連合会，2019年）
西谷祐子「子奪取条約の運用に関する比較法的検討」同『ケース研究　329』（日本調停協会連合会，2017年）
棚橋哲夫ほか「ハーグ条約事件の実務―子の返還事件を中心に―』同『ケース研究　329』（日本調停協会連合会，2017年）
芝池俊輝ほか「ハーグ子奪取条約の運用状況と課題」同『家庭の法と裁判　第20号』（日本加除出版，2019年）
孫崎馨ほか「ハーグ条約実施法の実務と課題」同『家庭の法と裁判　第2号』（日本加除出版，2015年）
半田吉信『ハーグ条約と子の連れ去り―ドイツの経験と日本への示唆』（法律文化社，2013年）
大谷美紀子ほか『渉外離婚の実務 ― 離婚事件の基礎からハーグ条約まで ―』（日本加除出版，2012年）

8　イギリス法

田島裕『イギリス法入門（第2版）』（信山社，2009年）
大村敦志（監修）『相続法制の比較研究』（商事法務，2020年）

9　中華人民共和国（中国）法

孫海萍（編著）『新しい中国民法』（商事法務，2021年）
小口彦太『中国法　「依法治国」の公法と私法』（集英社新書，2020年）

10　外国法調査

阿部博友ほか（編著）『世界の法律情報―グローバル・リーガル・リサーチ―』（文眞堂，2016年）
鮎京正訓（編）『アジア法ガイドブック』（名古屋大学出版会，2009）
弥永真生『法律学習マニュアル〔第4版〕』（有斐閣，2016年）
いしかわまりこほか『リーガルリサーチ［第5版］』（日本評論社，2016年）

11　比較法

五十嵐清『比較法ハンドブック　第3版』（勁草書房，2019年）

12　翻訳

シャーリー・テイラー著，細田京子翻訳・監修『英文ビジネスライティング大全』（桐原書店，2014年）

13　刑事法

三井誠・酒巻匡『入門刑事手続法〔第8版〕』（有斐閣，2020年）
平野龍一『刑事訴訟法概説』（東京大学出版会，1968年）
山口厚『刑法〔第3版〕』（有斐閣，2020年）
平野龍一『刑法　総論Ⅰ』（有斐閣，1972年）
平野龍一『刑法　総論Ⅱ』（有斐閣，1975年）
佐野眞一『東電OL殺人事件』（新潮文庫，2003年）
井上仁（編）『刑事訴訟法判例百選［第八版］』98事件（有斐閣，2005年）
井上仁ほか（編）『刑事訴訟法判例百選［第9版］』99事件（有斐閣，2011年）

14　司法通訳

最高裁判所事務総局刑事局（編）「ごぞんじですか法廷通訳　―あなたも法廷通訳を―」（最高裁判所，2018年）
小林裕子『司法通訳人という仕事』（慶応義塾大学出版会，2019年）
渡辺修・長尾ひろみ『外国人と刑事手続　―適正な通訳のために―』（成文社，1999年）
渡辺修ほか『司法通訳　Q&Aで学ぶ通訳現場』（松柏社，2006年）
岩本明美『法廷の異文化と司法通訳』（風響社，2009年）
丁海玉『法廷通訳人』（角川文庫，2020年）
桒谷仁ほか『外事犯罪捜査ハンドブック〔第2版〕』（立花書房，2020年）

15　司法通訳実務

最高裁判所事務総局刑事局（監修）『特殊刑事事件の基礎知識　―外国人事件編―』（法曹会，2003 年）
同『法廷通訳ハンドブック【英語】（補訂版）』（法曹会，2008 年）
同『法廷通訳ハンドブック実践編【英語】（改訂版）』（法曹会，2011 年）
同『少年事件通訳ハンドブック【英語】』（法曹会，2008 年）
法務省刑事局外国法令研究会（編）『法律用語対訳集（英語編）〔改訂版〕』（商事法務研究会，1995 年）

16　コミュニティ通訳

水野真木子『コミュニティー通訳入門』（大阪教育図書，2008 年）

17　調停

日本調停協会連合会（編）『調停による円満解決 ― ケースで語るその魅力』（有斐閣，2022 年）
清永聡『家庭裁判所物語』（日本評論社，2018 年）
村松多香子・酒谷悦子「東京家裁における外国人の家事事件について」家庭事件研究会（編）『ケース研究　338』（日本調停協会連合会，2020 年）
「家庭裁判所のあらまし」（最高裁判所，2014 年）

18　行政相談

『行政相談委員制度60周年記念誌～国民の声をつなぐ～』（全国行政相談委員連合協議会，2022 年）
『行政相談委員の手引』（総務省行政評価局行政相談企画課・行政相談管理官，2021 年）
『行政相談委員のための HOW TO 行政相談（四訂版）』（公益社団法人　全国行政相談委員連合協議会，2021 年）
総務省行政評価局「総務省の行政相談における外国人からの相談への対応（令和元年度）」（2020 年）

19　労働法

水町勇一郎『詳解　労働法〔第 2 版〕』（東京大学出版会，2021 年）
菅野和夫『労働法〔第 12 版〕』（弘文堂，2019 年）

20　社会保障法

島村暁代『プレップ社会保障法』（弘文堂，2021 年）
外国人ローヤリングネットワーク（編）『外国人事件ビギナーズ ver.2』（現代人文社，2020 年）

21　防災・災害時対応

『災害時語学サポーターのための用語集・表現集・関係資料』（自治体国際化協会，2006 年）

22　多文化共生

信濃毎日新聞社（編）『五色（いつついろ）のメビウス―「外国人」と ともにはたらき ともにいきる』（明石書店，2022 年）
今野晴貴・岩橋誠『外国人労働相談最前線』（岩波書店，2022 年）
松永典子（編著）『学校と子ども，保護者をめぐる　多文化・多様性理解ハンドブック 第 3 版』（金木犀舎，2022 年）
春木育美・吉田美智子『移民大国化する韓国―労働・家族・ジェンダーの視点から』（明石書店，2022 年）
上毛新聞社『サンバの町　それから　外国人と共に生きる群馬・大泉』（上毛新聞社，2022 年）
宮島喬『「移民国家」としての日本―共生への展望』（岩波新書，2022 年）
安田菜津紀『隣人のあなた―「移民社会」日本でいま起きていること』（岩波書店，2022 年）
宮島喬『多文化共生の社会への条件―日本とヨーロッパ，移民政策を問い直す』（東京大学出版会，2021 年）
「第 3 次松本市多文化共生推進プラン」（松本市，2021 年）
「第 3 次松本市多文化共生推進プラン（概要版）」（松本市，2021 年）
西日本新聞社（編）『【増補】新　移民時代―外国人労働者と共に生きる社会へ』（明石書店，2020 年）
毛受敏浩『移民が導く日本の未来』（明石書店，2020 年）
石川久・杉田昌平（編著）『外国人住民の生活相談 Q&A～子育て・教育から医療・福祉まで～』（ぎょうせい，2020 年）
「長野県多文化共生推進指針　2020」（長野県，2020 年）
近藤敦『多文化共生と人権―諸外国の「移民」と日本の「外国人」』（明石書店，2019 年）

山脇啓造・服部道雄（編著）『新　多文化共生の学校づくり　横浜市の挑戦』（明石書店，2019年）
宮島喬・鈴木江理子『新版　外国人労働者受入れを問う』（岩波書店，2019年）
石井香世子・小豆澤史絵『外国につながる子どもと無国籍―児童養護施設への調査結果と具体的対応例』（明石書店，2019年）
奥田安弘『家族と国籍―国際化の安定のなかで』（明石書店，2017年）
杉澤経子ほか『これだけは知っておきたい！外国人相談の基礎知識』（松柏社，2015年）
近藤敦『外国人の人権へのアプローチ』（明石書店，2015年）
佐藤友則『〈多文化共生〉8つの質問』（学文社，2014年）
第一東京弁護士会人権擁護委員会国際人権部会（編）『外国人の法律相談Q&A　第四次改訂版―法的ポイントから実務対応まで』（ぎょうせい，2019年）
関東弁護士会連合会（編）『外国人の人権―外国人の直面する困難の解決をめざして』（明石書店，2012年）
松尾友明『多文化共生のためのテキストブック』（明石書店，2011年）
『現代キーワードファイル　改訂21版第2刷』（第一学習社，2022年）
日本行政書士会連合会「月刊　日本行政　第593号」（日本行政書士会連合会，2022年）
日本行政書士会連合会「月刊　日本行政　第594号」（日本行政書士会連合会，2022年）
日本行政書士会連合会研修サイト・VOD講座「行政書士による権利擁護セミナー『外国人との共生社会の形成のために』～行政書士は，多文化共生社会づくりのパートナー～」（https://gyousei.informationstar.jp/）
岡田忠興「街の法律家　行政書士に聞く「多文化共生」」『月刊　中小企業レポート No.532』（長野県中小企業団体中央会，2021年）
岡田忠興「バイリンガルスタッフのつぶやき」「松本市多文化共生プラザ　ニュースレター　2021年度上半期」（2021年，松本市多文化共生プラザ）

23　日本語教育

ヒューマンアカデミー『日本語教育能力検定試験　完全攻略ガイド　第5版』（翔泳社，2021年）
西川朋美（編著）『外国につながる子どもの日本語教育』（くろしお出版，2022年）
佐々木泰子（編）『ベーシック日本語教育』（ひつじ書房，2012年）
スリーエーネットワーク（編著）『みんなの日本語　初級Ⅰ・Ⅱ　第2版』（スリーエーネットワーク，2019年）
川上佐貴子『アジアのかけ橋　やくそくするよ』（銀の鈴社，2020年）

24　やさしい日本語

吉開章『入門・やさしい日本語　外国人と日本語で話そう』（アスク出版，2020 年）
庵功雄『やさしい日本語―多文化共生社会へ』（岩波新書，2016 年）
「在留支援のためのやさしい日本語ガイドライン」（出入国在留管理庁・文化庁，2020 年）
「別冊　やさしい日本語　書き換え例」（出入国在留管理庁・文化庁，2020 年）

25　法教育

金鉉善「外国にルーツを持つ子どもを対象とする法教育」（広島法学 43 巻 4 号，2020 年）

26　インバウンド

安田亘宏『新版　インバウンド実務主任者認定試験　公式テキスト』（一般財団法人全日本情報学習振興協会，2021 年）
国土交通省観光庁（編）『観光白書（令和 4 年版）』（2022 年）
国土交通省観光庁『地域の観光人材のインバウンド対応能力強化研修　英語テキスト基本知識』（2020 年）
箱谷真司『観光立国・日本～ポストコロナ時代の戦略』（光文社新書，2022 年）
デービッド・アトキンソン『新・観光立国論』（東洋経済新報社，2015 年）

27　辞典

長谷部恭男ほか（編）『判例六法 Professional 令和 5 年版』（有斐閣，2022 年）
出入国管理法令研究会（編）『出入国管理　実務六法〔令和 5 年版〕』（日本加除出版，2022 年）
日本加除出版法令編纂室（編）『戸籍実務六法〔令和 5 年版〕』（日本加除出版，2022 年）
植木俊哉・中谷和弘（編集代表）『国際条約集　2022 年版』（有斐閣，2022 年）
『法律学小辞典［第 5 版］』（有斐閣，2016 年）

行政書士
渉外相続業務
外国籍の方の相続手続は，どのように進めていけばいいのか？
「暗闇への跳躍」を可能にする，実務家のための手引書
著者の受任した実例をもとに
初めての受任でも完了までの道筋がわかる。
12の国・地域の国際私法・相続法の概要を収録。
税務経理協会

判例索引

事項索引

【か】

【き】

【さ】

【し】

【す】

【せ】

【そ】

【た】

【ち】

【つ】

【て】

【と】

【な】

【に】

【ね】

【の】

【は】

【ひ】

【ふ】

【へ】

【ほ】

【ま】

【み】

【む】

【め】

【も】

【や】

【ゆ】

著者紹介

岡田　忠興（おかだ　ただおき）

1988年　東北大学法学部卒業

同　年　読売新聞東京本社入社（編集記者）

2008年　琉球大学大学院法務研究科（法科大学院）修了（法務博士）

2010年　行政書士登録

2015年　特定行政書士登録

現　在　岡田行政書士事務所代表，出入国在留管理庁申請取次行政書士，長野県行政書士会理事・法務部長，長野地方裁判所民事調停委員，長野家庭裁判所家事調停委員，全国通訳案内士（英語），松本市多文化共生推進協議会委員，松本市中央公民館日本語講座スタッフ，通訳人登録（長野地検，長野県警），長野県地域共生コミュニケーター，長野県通訳ガイドネット（NIGN）会員，大町山岳博物館協議会委員，保育士　など

著　書　『特定行政書士法定研修考査　合格対策　要点解説と模擬問題』（税務経理協会，2019年）

『行政書士　渉外相続業務「外国法調査・手続」と「国際私法の基礎」』（税務経理協会，2021年）

行政手続研究会（編）『行政不服審査　答申・裁決事例集』（共著）（日本法令，2021年）

編著者との契約により検印省略

令和5年3月25日　初版発行

在留資格・渉外相続・司法通訳―
多文化共生と行政書士業務

著　者　岡　田　忠　興
発行者　大　坪　克　行
印刷所　美研プリンティング株式会社
製本所　牧製本印刷株式会社

発行所　東京都新宿区 下落合2丁目5番13号　株式会社 **税務経理協会**

郵便番号 161-0033　振替 00190-2-187408　電話 (03)3953-3301（大 代 表）
FAX (03)3565-3391　(03)3953-3325（営業代表）
URL　http://www.zeikei.co.jp/
乱丁・落丁の場合はお取替えいたします。

printed in Japan

ISBN978―4―419―06910―0　C3032